www.ingramcontent.com/pod-product-compliance
Lightning Source LLC
LaVergne TN
LVHW050946051026
849532LV00005B/1725
9789358728439

منشیات: مسائل اور حل

(مضامین)

مرتبہ:

سید حیدرآبادی

© Taemeer Publications LLC

Munashshiyaat : Masaail aur Hal (Essays)

by: Syed Hyderabadi

Edition: March '2024

Publisher :

Taemeer Publications LLC (Michigan, USA / Hyderabad, India)

ISBN 978-93-5872-843-9

9 789358 728439

کتاب	:	**منشیات : مسائل اور حل** (مضامین)
جمع و ترتیب	:	**سید حیدرآبادی**
صنف	:	غیر افسانوی نثر
ناشر	:	تعمیر پبلی کیشنز (حیدرآباد، انڈیا)
سالِ اشاعت	:	۲۰۲۴ء
صفحات	:	۸۲
سرورق ڈیزائن	:	تعمیر ویب ڈیزائن

فہرست

معاشرے میں منشیات کا بڑھتا رجحان اور نفسیاتی مسائل

سید علی بخاری

نوجوان نسل کی تباہی کا ذمہ دار کون؟ نصاب میں منشیات کے مضر اثرات کو نمایاں کر کے پیش کرنے کی اشد ضرورت ہے۔

ہمارے معاشرے میں منشیات کی لعنت کا بڑھتا ہوا رجحان اور نفسیاتی مسائل کسی سنگین خطرے سے خالی نہیں، منشیات ایک ایسی لعنت ہے جو سکون کے دھوکے سے شروع ہوتی ہے اور زندگی کی بربادی پر ختم ہوتی ہے، حکومت کو وقت کے ساتھ ساتھ دیگر نجی اداروں کو منشیات کے علاج معالجہ اور اس کی روک تھام کیلئے ہنگامی سطح پر کام کرنا ہو گا، خطرے کی بات یہ ہے کہ منشیات کی لعنت تعلیمی اداروں اور اَپر کلاس میں ایک فیشن کے طور پر سامنے آ رہی ہے جس کے دوررس انتہائی مضر اثرات نمایاں نظر آ رہے ہیں۔

ایک اندازے کے مطابق آج ۱۰ ملین متاثرین نئے ناموں سے نشہ کا استعمال کر رہے ہیں، نشے کے یہ عادی مریض اور ان کے حوالے سے مرکزی و صوبائی حکومتوں کے پاس مختص بجٹ نام کی کوئی چیز نظر نہیں آتی جو کہ ایک المیہ ہے، لہٰذا مرکزی و صوبائی حکومتیں ڈینگی کی طرح اس کی طرف بھرپور توجہ دیں۔

تازہ ترین معلومات کے مطابق نشہ میں مبتلاء افراد کی بڑی تعداد ۲۵ سے ۳۱ سال

تک کی ہے جبکہ دوسرا بڑا حلقہ ۱۵ سال سے ۲۴ سال تک کی عمر کا ہے، پاکستان میں جس نشے کا استعمال سب سے زیادہ کیا جاتا ہے وہ چرس ہے جبکہ منشیات کا ۸۰ فیصد استعمال مرد کرتے ہیں اور ۲۰ فیصد خواتین ہیں۔

۳۵۰ ٹن سے زائد افغان منشیات پاکستان میں استعمال ہوتی ہے۔ حکومت پاکستان کے ایک ریکارڈ کے مطابق ۲۲ء۶۶ فیصد نشے کے عادی افراد کی عمر ۲۰ سے ۲۹ سال تھی جو مختلف جرائم کی مرتکب ہوئے۔ ۹۲ء۱۸ فیصد نشے کے عادی افراد کی عمر ۱۵ سے ۱۹ سال تھی جو جرائم کے مرتکب ہوئے۔ افسوس کی بات یہ ہے کہ ان تمام تر حقائق کے باوجود پاکستان کی حکومتیں اس حوالے سے کوئی متاثر کن عملی پالیسی تشکیل نہ دے سکیں، اگر حکومت اور اداروں کے ساتھ ساتھ خود عوام اس کے خلاف پوری طرح اٹھ کھڑے نہ ہوئے اور اس کو اپنے اندر اور ارد گرد سے مار نہ بھگایا تو پھر بنی نوع انسان کو تباہ کرنے کے لئے کسی عالمگیر جنگ یا مہلک جوہری ہتھیاروں کی ضرورت نہ رہے گی، نوجوان نسل کو بچانے کے لئے سب سے اہم کردار والدین اور اساتذہ کا ہے، اس کے بعد علماء دین کا ہے اور پھر میڈیا کا، نشہ آور اشیاء فراہم کرنے والے عناصر کے خلاف سخت سے سخت کارائی کی جائے اور نصاب میں منشیات کے مضر اثرات کو نمایاں کر کے پیش کیا جائے۔

ضرورت اس امر کی ہے کہ حکومت اور اداروں کے ساتھ ساتھ ملک کے دانشور، اساتذہ، قلم دان بنی نوع انسان کے ساتھ ہمدردی رکھنے والے تمام اصحاب حالات کی سنگینی کا احساس کریں اور آگے بڑھ کر اپنے اپنے دائرہ کار اور حلقہ اثر میں منشیات کے اس عفریب کو مار بھگانے کے لئے تن، من، دھن سے ہر ممکن کوششیں کریں۔ گزشتہ دنوں شوریٰ ہمدرد کا اجلاس "منشیات کا بڑھتا ہوا رجحان نفسیاتی مسائل اور معاشرے پر اثرات" کے موضوع پر ہمدرد مرکز لاہور میں ہوا۔ مقررین میں جسٹس (ر) ناصرہ اقبال، ابصار

عبدالعلی، ڈاکٹر سمیحہ راحیل قاضی، میڈیکل سپرینٹنڈنٹ فاؤنٹین ہاؤس لاہور ڈاکٹر سید عمران مرتضیٰ، کنسلٹنٹ انٹی ڈرگ نارکو ٹکس کمپین سید ذوالفقار حسین، جنرل(ر) راحت لطیف، برگیڈیر(ر) محمد سلیم، ڈاکٹر عظمت الرحمن، میجر(ر) صدیق ریحان، میجر(ر)خالد نصر، پروفیسر خالد محمود عطاء شعیب مرزا، پروفیسر نصیر اے چوہدری، طارق چغتائی، طفیل اختر، عائشہ عمران، ندیم شہزاد علی ودیگر نے شرکت کی۔

کنسلٹنٹ انٹی ڈرگ نارکو ٹکس کمپیئین سید ذوالفقار حسین نے کہا کہ اب تک ۶۳۵ تعلیمی اداروں میں ساٹھ ہزار سے زائد طلباء وطالبات میں شعور و آگہی مہم چلا چکے ہیں اور کئی نامور کالجز ویونیورسٹیز کو ڈرگ فری ڈکلیئر کروایا ہے، آج اَپر کلاس بچیاں بھی ہیں، کوکین اور شیشہ کا بے دریغ استعمال کر رہی ہیں جبکہ غیر ذمہ دار اساتذہ اُن کو نشہ کی افادیت بتاتے ہیں کہ اس سے چالیس چالیس گھنٹے نیند نہیں آتی اور پیپر کی تیاری اچھے طریقے سے کرسکتے ہیں، انہوں نے بتایا کہ ہم نے شیشہ کے خلاف مہم شروع کی اور اس کے خلاف قانون بنوایا اور پنجاب اسمبلی میں بھی اسکے خلاف بل پیش کیا بالآخر پورے ملک میں شیشہ کو ایک خطرناک نشہ ثابت کیا۔

میڈیکل سپریٹنڈنٹ فاؤنٹین ہاؤس لاہور ڈاکٹر سید عمران مرتضیٰ نے کہا کہ نشے کی لعنت پاکستان کا سب سے بڑا مسئلہ ہے۔ ایک کروڑ لوگ ڈرگز کے عادی ہیں، گزشتہ اعدادوشمار کے مطابق ۲۲ کروڑ میں سے ۸ کروڑ لوگ نشہ کے عادی ہیں جس گھر میں نشے کا عادی ہوتا ہے اُسکی وجہ سے پورا گھر متاثر ہوتا ہے۔ انہوں نے کہا کہ نشے کی لعنت کو روکنے کیلیے سب سے پہلے گھر کے سربراہ پر بھی ذمہ داری عائد ہوتی ہے، ڈاکٹر صاحب نے موبائل کے بے جا اور بے دریغ استعمال کو بھی ایک نشہ قرار دیا انہوں نے کہا کہ چھوٹوں سے محبت اور دوستانہ ماحول پیدا کیا جائے جبکہ بڑوں کی تعظیم کی جائے اور اُن کے ساتھ

وقت گزارا جائے، مذکورہ مسائل کی بنیادی وجہ خاندانی نظام کا متاثر ہونا ہے، انہوں نے مزید کہا کہ جب ہم اپنے اندر سے حسد، بغض، کینہ اور نفرت کو ختم کر دیں گے اور ہر بڑے چھوٹے کے لیے احترام، تعظیم، محبت اور معاف کرنے کی عادت اپنالیں گے تو بے شمار نفسیاتی بیماریاں خود بخود ختم ہو جائیں گی۔

معاشرے میں ماں کا کردار کم سے کم ہوتا چلا جا رہا ہے، جس کی بدولت بگاڑ پیدا ہو رہا ہے، عورت کو مرد کے شانہ بشانہ قرار دینے کے سبب گھر سے نکال کر گھر کے ماحول کو برباد کر دیا ہے طلاق کی گئی وجوہات میں سے ایک وجہ یہ بھی ہے، انہوں نے مزید کہا کہ کسی بھی قوم کا اصل سرمایہ وہ نوجوان ہوتے ہیں جو جسمانی وروحانی دونوں اطراف سے چست ہوں۔ جسٹس (ر) ناصرہ اقبال نے کہا کہ اس وقت ۲۵ ملین بچے سڑکوں پر پھر رہے ہیں جبکہ غربت کی وجہ سے لوگ بیٹیاں بیچنے کو تیار بیٹھے ہیں، ملک کا ہر فرد تقریباً سوا لاکھ کا مقروض ہے، معاشرہ کو بنیادی سہولیات میسر نہیں ہیں تو کیسے ہمارا معاشرہ نفسیاتی اور نشے کی بیماریوں میں مبتلا نہیں ہوگا۔

انہوں نے مزید کہا کہ ملک کی بڑھتی ہوئی آبادی بھی مذکورہ مسائل کو جنم دے رہی ہے۔ ڈپٹی اسپیکر شوریٰ ہمدرد لاہور محترم ابصار عبد العلی نے بحث کو سمیٹتے ہوئے کہا کہ صحت اللہ کی بڑی نعمت کی قدر کرنی چاہیے، ہمارا معاشرہ جن سلگتے ہوئے مسائل سے دوچار ہے ان میں سے نوجوانوں اور نئی نسل کے اندر منشیات کا فروغ ایک اہم مسئلہ ہے یہ ایک ایسا طاعون ہے جس نے نہ صرف لاکھوں انسانوں کو گھٹ گھٹ کر جینے پر مجبور کر دیا ہے

بلکہ ہزاروں نوجوانوں کو ابدی نیند بھی سلا دیا ہے، دین اسلام نے ان تمام چیزوں کو حرام قرار دیا ہے جو انسانی جسم اور اخلاقی زندگی پر اثر انداز ہوں۔

میڈیا، اساتذہ، والدین علماء اور مخیر حضرات سے اپیل ہے کہ وہ منشیات کے خاتمے اور اسکی میخ کنی کیلیئے اپنا کردار ادا کریں، قانون نافذ کرنے والے اداروں کو بھی اسکی روک تھام اور سدباب کیلیئے اہم اقدامات کرنا ہوں گے تا کہ منشیات سے پاک معاشرہ کا قیام عمل میں لایا جاسکے اور نشے جیسی لعنت سے چھٹکارہ حاصل کر کے پاکستان کے مستقبل کو محفوظ بنایا جاسکے۔

***

منشیات کا بڑھتا رجحان سنگین معاشرتی مسئلہ

ڈاکٹر وجیہہ ریاض خان

بہت سے سنگین مسائل معاشرتی طور پر نہ صرف اثر انداز ہوتے ہیں بلکہ بہت دیر تک ان کا سدباب یا حل مشکل ہو جاتا ہے۔ نشہ آور اشیاء کا استعمال بھی انہی میں سے ایک ہے۔ موجودہ دور میں نوجوانوں کی ایک بڑھتی ہوئی تعداد نشے کی طرف مائل نظر آتی ہے اور اس کا سدباب کرنا ناگزیر ہوتا جارہا ہے۔ اقوام متحدہ کی ایک رپورٹ کے مطابق ہر دس میں سے ۴ افراد بالخصوص ۲۸ فی صد نوجوان نشے کے امراض کا شکار ہیں، جس میں سے ۹ فی صد نابالغ ہے اور نو عمر بچوں کی ہے۔ نشے کا استعمال تاریخی لحاظ سے بہت پرانا عمل ہے۔ عموماً لوگ مختلف ادویات کے بے جا استعمال سے بھی اس کے عادی ہو جاتے ہیں۔ نشے کے استعمال کو اب بھی ایک معاشرتی مسئلے کے طور پر دیکھنے کے لیے ایک انفرادی مسئلہ سمجھا جاتا ہے، جس کی وجہ سے اس مسئلے پر توجہ نہیں دی جاتی اور نشے کے فعل کو برائی سمجھنے کے بجائے نشے کے عادی فرد کو برا قرار دے دیا جاتا ہے اور یوں یہ مسئلہ جوں کا توں معاشرے میں پروان چڑھتا رہتا ہے۔

نشہ کا استعمال ترقی پذیر ممالک کے مسائل میں سب سے اہم مسئلہ بن گیا ہے۔ زیادہ آبادی اور کم وسائل کی بنا پر اس کی روک تھام اور کنٹرول ناممکن ہو گیا ہے۔ زیادہ تر نوجوان طبقہ اس مرض میں مبتلا ہے اور اس کے نقصانات سے دوچار نظر آتا ہے۔ اسی

لیے نشے کو ایک عادت سمجھنے کے بجائے اسے ایک مرض کے طور پر سمجھا جائے تو اس کے سدباب اور روک تھام میں مدد مل سکتی ہے۔ اے پی اے کے مطابق نشے کی عادت ایک مرض ہے۔ اس کی درج ذیل علامات ہو سکتی ہیں۔

* نشہ آور اشیاء یا ادویات کا ضرورت سے زیادہ استعمال کرنا۔ * نشے کی عادت کو چاہ کے بھی نہ روک پانا۔ * زیادہ تر وقت نشہ آور اشیاء کے حصول اور استعمال میں صرف کرنا۔ * نشے کی بے جا طلب ہونا۔

* نشے کے استعمال کی وجہ سے اپنے روز مرہ کاموں میں دھیان نہ دینا۔ * اپنی معمولات زندگی نشے کی وجہ سے ترک کرنا۔ * نشے کا بار بار خطرناک حد تک استعمال کرنا۔ * یہ جانتے ہوئے بھی نشے کا استعمال کرنا کہ اس سے آپ کی ذہنی اور جسمانی صحت متاثر ہو رہی ہے۔ * نشے کے استعمال کی پہلے والی مقدار کا ناکافی ہونا اور ضرورت سے زیادہ اس کی طلب ہونا۔ * نشے کے استعمال کو وقتی طور پر ترک کرنے کے علامات کا شکار ہونا۔

تمام عوامل کی شدت کم، درمیانی اور زیادہ ہو سکتی ہے۔ جیسے ان علامات سے کم سے کم ٦ یا زیادہ علامات کا ہونا مرض کے شدت اختیار کرنے کی نشاندہی کرتا ہے۔ نوجوانوں میں منشیات کے استعمال کی بلند شرح کو مختلف وجوہات سے منسوب کیا جاتا ہے اور اس کے مجموعی طور پر افراد اور معاشرے دونوں پر اہم اثرات مرتب ہوتے ہیں۔ اس کے ممکنہ اثرات اور مضمرات میں اہم کردار ادا کرنے والے چند اہم عوامل یہ ہیں۔ ساتھیوں کا دباؤ، نوعمر اور بالخصوص نابالغ افراد کی اکثریت ایسے ساتھیوں کے دباؤ کی وجہ سے نشے کی لت میں مبتلا ہوتے ہیں۔ اپنے سماجی حلقوں میں فٹ ہونے یا قبول کیے جانے کے لئے نشے کا تجربہ کرنے سے بھی ان کے مستقل استعمال کا آغاز ہوتا ہے۔

دوسری اہم وجہ ہے تجسس۔ نوجوان عموماً نشے کے اثرات سے نابلد ہوتے ہیں اور

اس کے بظاہر اچھے نظر آنے والے عوامل کی بنا پر متجسس ہوسکتے ہیں۔ فہم جوئی، نئے تجربات کی تلاش میں عموماً منشیات کا تجربہ کیا جاتا ہے۔ تیسری اہم وجہ تناؤ اور ذہنی صحت کے مسائل ہیں۔ نوجوان اضطراب، تناؤ اور ڈپریشن کا شکار نظر آتی ہے اور اس طرح کے دیگر ذہنی چیلنجز سے نمٹنے کے لئے نشے کا استعمال نوجوانوں کو مستقل طور پر اس کی طرف مائل کرتا ہے۔

چوتھی اور اہم وجہ خاندانی مسائل ہیں۔ خاندان یا فیملی کے اندر ایک ناکارہ شخص ہونے کا تاثر، والدین کے جھگڑے، مالی مدد کا فقدان یا گھر میں نشہ آور اشیاء کا استعمال نوجوانوں میں منشیات کے استعمال کے ممکنہ وجوہات میں سب سے اہم مسئلہ ہوسکتا ہے۔ عموماً نوعمر افراد اپنے گھر میں نشے کے استعمال کی وجہ سے اس کو عادتاً اختیار کرلیتے ہیں۔ باپ، دادا یا گھر کے بڑے افراد کے نشے کے استعمال کی عادت کو فطری طور پر اختیار کرلینے سے نوعمر افراد اس کو استعمال کرنا شروع ہوجاتے ہیں جو آگے چل کر ایک ذہنی مرض میں تبدیل ہوجاتی ہے۔

ایک اور اہم وجہ میڈیا بالخصوص Visual میڈیا میں نشے کے استعمال کی گلیمرائزیشن ہے۔ فلموں، موسیقی اور سوشل میڈیا میں منشیات کے استعمال کو معمولی طرح نشر کرنا اور اس کو سوسائٹی میں ایک اچھے عمل کے طور پر پیش کرنا اس کو ایک قابل مقبول عمل اور رویے کے طور پر اس کی تشکیل کرنا ہے، جسے نوجوان ایک فطری عمل کے طور پر تصور کرتا ہے۔ منشیات تک آسان رسائی، منشیات کی دستیابی خاص طور پر شہری اور دیہی علاقوں میں اس تک رسائی اور فروغ اس کے حصول کو ممکن بنادیتی ہے۔

نشے کے سدباب کے لئے سب سے پہلے اس کے استعمال کو فروغ دینے والے عوامل کا جائزہ لینا بہت ضروری ہے اور ساتھ ہی ساتھ اس کے استعمال سے ہونے والے

اثرات کا علم ہونا بھی اس کے روک تھام کے لئے بے حد ضروری ہے۔ نشے کے استعمال سے ہونے والے چند چیدہ چیدہ اثرات کا ذکر کرنا ضروری ہے۔ جیسے کہ نشے کے استعمال سے صحت پر خطرات کا لاحق ہونا۔ نشے کے استعمال سے جسمانی اور ذہنی صحت پر سنگین نتائج ہوسکتے ہیں خاص طور پر جسم کی نشونما پر اس کا گہرا اثر ہوتا ہے۔ نشے کے استعمال سے دماغ کے سوچنے سمجھنے کی صلاحیت کم ہو جاتی ہے اور یوں جسمانی امراض اور حادثات وغیرہ کے خطرات بڑھ جاتے ہیں۔

دوسرا اہم مسئلہ جو نشے کے استعمال سے ہوتا ہے۔ وہ ہے تعلیمی اور پیشہ ورانہ صلاحیتوں کا معدوم ہونا، منشیات کا استعمال ایک نوجوان کی اسکول/کالج میں اچھی کارکردگی کا مظاہرہ کرنے یا مستقل ملازمت کو برقرار رکھنے کی صلاحیت کو مستقل طور پر متاثر کر سکتا ہے جو ان کی ذاتی اور پیشہ وارانہ زندگیوں میں ممکنہ طور پر ایک طویل مدتی رکاوٹ کا باعث بن سکتا ہے۔

ایک اور سنگین مسئلہ جو منشیات کے استعمال سے وقوع پذیر ہوتا ہے، وہ ہے جرائم کی سطح میں اضافہ ہونا۔ منشیات کا استعمال مجرمانہ سرگرمیوں میں ملوث ہونے کے اور بڑھتے ہوئے امکان کے ساتھ منسلک کیا جاسکتا ہے، کیوں کہ نشے کے عادی افراد اپنی منشیات کی عادات کو پورا کرنے کے لئے غیر قانونی سرگرمیوں، چوری، ڈاکہ زنی میں ملوث ہوسکتے ہیں۔ اس طرح نوجوانوں میں منشیات کا استعمال پیداواری صلاحیت میں کمی اور قانون نافذ کرنے والے اداروں کے علاج کے پروگراموں اور اقتصادی صلاحیت کو کھونے سے متعلق اخراجات میں اضافے کا باعث بن سکتا ہے۔

نشے کا استعمال خاندان، دوستوں اور شرکت داری کو کشیدہ کر سکتا ہے، جس سے ذاتی، معاشرتی اور سماجی طور پر پشیمانی کا شکار ہوتا ہے اور یوں باہمی تعاون کی فضا قائم نہیں

رہتی۔ الغرض، نوجوانوں اور نوعمر افراد میں منشایت کے زیادہ استعمال کے مسئلے سے نمٹنے کے لئے ایک جامع نقطہ نظر کی ضرورت ہے، جس میں تعلیمی روک تھام کے پروگرام، صحت کے حصول، علاج تک بہتر رسائی، سماجی اور معاشی عوامل کو حل کرنا جیسے عوامل اہم کردار ادا کرتے ہیں۔

ابتدائی مداخلت اور نوجوانوں میں منشیات کے استعمال کے پھیلاؤ کو کم کرنے اور اس کے طویل مدتی اثرات کو کم کرنے میں مدد کرسکتے ہیں۔ نوجوانوں میں ذہنی صحت اور معاونت کو بہتر بنانے کے لئے ایک کثیر جہتی نقطہ نظر کی ضرورت ہے۔ مختلف اسٹیک ہولڈرز بشمول سرکاری ایجنسیاں، تعلیمی ادارے، صحت کی دیکھ بھال فراہم کرنے والے ادارے، خاندان اور کمیونٹی شامل ہیں۔

اس بات کو یقینی بنانے کی ضرورت ہے کہ ذہنی صحت کی خدمات تک رسائی کو ممکن بنایا جائے، تاکہ نوجوان ضرورت کے وقت اپنے ذہنی مسائل کا سدباب کرے نہ کہ نشے کا استعمال کرنے، اسکولوں میں ذہنی صحت سے متعلق پروگرامز کا فروغ کرنا چاہیے۔ جہاں طلباء کو صحت مند ماحول ملیں، تاکہ وہ اپنی صلاحیتوں کو نکھر سکیں اور ایک صحت مند مقابلہ ممکن ہوسکے۔ اسکول میں کاؤنسلر اور ماہر نفسیات کا موجود ہونا طلباء کو ان کی شناخت میں اہم کردار ادا کرسکتے ہیں۔

اسی طرح نصاب میں نشے کے استعمال اور اس کے مضر اثرات کے بارے میں آگہی فراہم کرنا۔ اس امر کو یقینی بنانا کہ نوجوان اس کے مضر اثرات کو پہچان سکیں اور اس سے اجتناب کے رویے کو اپنا سکیں۔ ایک اور اہم امر یہ ہے کہ پیئر سپورٹ پروگرام تشکیل دیئے جائیں۔ جہاں نوجوان اپنے ہم عمر ساتھیوں سے رابطہ کرسکیں اور ایسے افراد سے تعاون کر سکیں جنہوں نے اس طرح کے چیلنجز کا سامنا کیا ہو۔ اساتذہ کو بھی ذہنی صحت

اور نشے کے اثرات کے متعلق آگاہی اور تربیت دینا بھی ضروری ہے، تاکہ وہ اس کے پھیلاؤ کو کم کرنے میں اہم کردار ادا کر سکیں۔ اس طرح کے سماجی حکمت عملیوں کے پھیلاؤ سے نشے کے استعمال اور اس کے عمومی اثرات پر قابو پایا جاسکتا ہے۔

***

آپ کو منشیات کے بارے میں سب کچھ جاننے کی ضرورت ہے

اسد نور

منشیات ایسے کیمیکل ہیں جو کسی شخص کے جسم کے کام کرنے کے طریقے کو بدل دیتے ہیں۔ آپ نے سنا ہو گا کہ منشیات آپ کے لیے بری ہیں، لیکن اس کا کیا مطلب ہے اور وہ کیوں خراب ہیں؟ دوائیں قانونی دوائیں ہیں اگر آپ کبھی بیمار رہے ہیں اور آپ کو دوائی لینا پڑی ہے تو آپ کو ایک قسم کی دوائیوں کے بارے میں پہلے ہی معلوم ہے۔ دوائیں قانونی دوائیں ہیں، یعنی ڈاکٹر انہیں مریضوں کے لیے تجویز کر سکتے ہیں، اسٹور انہیں فروخت کر سکتے ہیں، اور لوگوں کو انہیں خریدنے کی اجازت ہے۔ لیکن لوگوں کے لیے یہ قانونی، یا محفوظ نہیں ہے کہ وہ ان دوائیوں کو اپنی مرضی کے مطابق استعمال کریں یا انہیں ان لوگوں سے خریدیں جو انہیں غیر قانونی طور پر فروخت کر رہے ہیں۔

سگریٹ ایک قسم کی قانونی ہے۔ پاکستان میں ۱۸ سال اور اس سے زیادہ عمر کے افراد سگریٹ خرید سکتے ہیں۔ لیکن سگریٹ نوشی بالغوں کے لیے صحت مند نہیں ہے، اور یہ بچوں کے لیے حد سے باہر ہیں۔ غیر قانونی منشیات جب لوگ "منشیات کے مسئلے" کے بارے میں بات کرتے ہیں تو ان کا مطلب عام طور پر قانونی منشیات کا غلط استعمال کرنا یا غیر قانونی منشیات کا استعمال کرنا ہوتا ہے، جیسے کہ چرس، ایکسٹیسی، کوکین، کرسٹل میتھ اور ہیروئن زیادہ حاصل کرنے کے لیئے غیر قانونی منشیات کیوں خطرناک ہیں؟ غیر قانونی

منشیات کسی کے لیے اچھی نہیں ہیں، لیکن وہ خاص طور پر اس بچے یا نوعمر کے لیے بری ہیں جن کا جسم بڑھ رہا ہو۔ غیر قانونی ادویات دماغ، دل اور دیگر اہم اعضاء کو نقصان پہنچا سکتی ہیں۔ مثال کے طور پر، کوکین دل کے دورے کا سبب بن سکتی ہے- یہاں تک کہ ایک بچے یا نوعمر میں بھی۔ منشیات کے استعمال کے دوران، لوگ اسکول، کھیلوں اور دیگر سرگرمیوں میں بھی اچھی کارکردگی کا مظاہرہ کرنے کے قابل نہیں ہوتے ہیں۔ واضح طور پر سوچنا اور اچھے فیصلے کرنا اکثر مشکل ہوتا ہے یا دوسرے لوگوں کو تکلیف پہنچا سکتے ہیں۔

لوگ غیر قانونی ادویات کیوں استعمال کرتے ہیں؟ بعض اوقات بچے اور نوجوان دوستوں کے گروپ کے ساتھ فٹ ہونے کے لیے منشیات کی کوشش کرتے ہیں۔ یا وہ متجسس ہوسکتے ہیں یا صرف بور ہوسکتے ہیں۔ کوئی شخص بہت سی وجوہات کی بناپر غیر قانونی منشیات کا استعمال کر سکتا ہے، لیکن اکثر اس وجہ سے کہ وہ اس شخص کو تھوڑی دیر کے لیے حقیقت سے فرار ہونے میں مدد دیتے ہیں۔ ایک دوا عارضی طور پر کسی ایسے شخص کو جو اداس یا پریشان ہے بہتر محسوس کروا سکتا ہے یا مسائل کو بھولا سکتا ہے۔ لیکن یہ فرار صرف اس وقت تک رہتا ہے جب تک کہ منشیات کا اثر ختم نہ ہو جائے۔ یقیناً دوائیں مسائل کو حل نہیں کرتیں۔ اور منشیات کا استعمال اکثر دوسرے مسائل کا سبب بنتا ہے ان مسائل کے علاوہ جو اس شخص کو پہلی جگہ پر تھا۔ کوئی شخص جو منشیات کا استعمال کرتا ہے وہ ان پر منحصر ہوسکتا ہے، یا عادی ہو سکتا ہے۔ اس کا مطلب یہ ہے کہ اس شخص کا جسم اس دوا کا اتنا عادی ہو جاتا ہے کہ وہ اس کے بغیر کام نہیں کر سکتا۔ ایک بار جب کوئی شخص عادی ہو جاتا ہے، تو اس کے لیے منشیات لینا چھوڑنا بہت مشکل ہوتا ہے۔ رکنا انخلاء کی علامات کا سبب بن سکتا ہے، جیسے کہ الٹی (پھینکنا)، پسینہ آنا، اور کانپنا (لرزنا)۔ یہ بیمار احساسات اس وقت تک جاری رہتے ہیں جب تک کہ انسان کا جسم دوبارہ منشیات سے پاک

ہونے کے لیے ایڈ جسٹ نہیں ہو جاتا۔

کیا میں بتا سکتا ہوں کہ کیا کوئی منشیات استعمال کر رہا ہے؟

اگر کوئی منشیات کا استعمال کر رہا ہے، تو آپ اس شخص کے دکھنے یا کام کرنے کے انداز میں تبدیلیاں محسوس کر سکتے ہیں۔ یہاں ان میں سے کچھ علامات ہیں، لیکن یہ یاد رکھنا ضروری ہے کہ ڈپریشن یا کوئی اور مسئلہ ان تبدیلیوں کا سبب بن سکتا ہے۔ منشیات کا استعمال کرنے والا کوئی بھی ہو سکتا ہے

اسکول میں دلچسپی کھو دینا

دوست بدل لینا (منشیات استعمال کرنے والے بچوں کے ساتھ گھومنے پھرنے کے لیے)

ہر وقت موڈی، منفی، خبطی، یا پریشان ہو جانا

بہت زیادہ تنہا رہنے کو کہیں۔

توجہ مرکوز کرنے میں دشواری ہوتی ہے۔

بہت سونا (شاید کلاس میں بھی)

جھگڑے میں پڑنا

سرخ یا سوجی ہوئی آنکھیں ہوں۔

وزن کم کرنا یا بڑھنا

بہت کھانسی

ہر وقت ناک بہتی رہتی ہے۔

میں مدد کے لیے کیا کر سکتا ہوں؟

اگر آپ کو لگتا ہے کہ کوئی منشیات کا استعمال کر رہا ہے، تو سب سے بہتر کام یہ ہے کہ آپ کسی بالغ کو بتائیں جس پر آپ بھروسہ کریں۔ یہ والدین، دوسرے رشتہ دار، استاد، کوچ، یا اسکول کا مشیر ہو سکتا ہے۔ اس شخص کو منشیات کا استعمال روکنے کے لیے پیشہ ورانہ مدد کی ضرورت ہو سکتی ہے۔ بالغ ہونے والے شخص کو منشیات کا استعمال روکنے کے لیے درکار علاج تلاش کرنے میں مدد مل سکتی ہے۔ ایک اور طریقہ جس سے بچے بچوں کی مدد کر سکتے ہیں وہ ہے منشیات کی کوشش نہ کرنے کا انتخاب کرنا۔ دوستوں کے ساتھ رہنے کا یہ ایک اچھا طریقہ ہے۔ منشیات کو سمجھنے کے لیے الفاظ اور وہ کیوں خطرناک ہیں بچے کے لیے ایک اور اچھا قدم ہے۔

یہ کچھ الفاظ ہیں جو آپ کے لیے نئے ہو سکتے ہیں

لت

کسی کو لت لگتی ہے جب وہ انحصار کرتا ہے (بیمار ہوئے بغیر منشیات لینا بند نہیں کر سکتا) یا ہر وقت منشیات کی خواہش کرتا ہے۔

ڈپریسنٹ

ڈپریشن ایک ایسی دوا ہے جو انسان کو سست کرتی ہے۔ ڈاکٹر لوگوں کو کم غصے، فکر مند، یا تناؤ میں مدد کرنے کے لیے ڈپریشن کا نسخہ دیتے ہیں۔ ڈپریسنٹ پٹھوں کو آرام دیتے ہیں اور لوگوں کو نیند آنے، کم دباؤ، یا جیسے ان کا سر بھرا ہوا محسوس ہوتا ہے۔ کچھ لوگ خود کو سست کرنے اور نیند لانے میں مدد کرنے کے لیے غیر قانونی طور پر ان دوائیوں کا استعمال کر سکتے ہیں–خاص طور پر مختلف قسم کے محرکات استعمال کرنے کے بعد۔

Hallucinogen –ہالوسینوجن ایک ایسی دوا ہے، جیسے LSD، جو کسی شخص کے

مزاج کو بدلتی ہے اور اسے ایسی چیزوں کو دیکھنے یا سننے پر مجبور کرتی ہے جو واقعی وہاں نہیں ہیں یا عجیب و غریب خیالات سوچتے ہیں۔ اعلی۔ایک اعلی احساس ہے جو منشیات استعمال کرنے والوں کو حاصل کرنا چاہتے ہیں جب وہ منشیات لیتے ہیں۔ اونچائی کی بہت سی قسمیں ہیں، جن میں بہت خوشی یا خلائی احساس یا یہ احساس ہے کہ کسی کے پاس خاص طاقتیں ہیں، جیسے اڑنے کی صلاحیت یا مستقبل کو دیکھنے کی صلاحیت۔ سانس لینے والا۔سانس لینے والا، جیسے گلو یا پٹرول، سونگھا جاتا ہے یا "ہف" کیا جاتا ہے تاکہ صارف کو فوری طور پر اونچا دیا جا سکے۔ سانس لینے سے شراب پینے کا فوری احساس پیدا ہوتا ہے۔اس کے بعد نیند آنا، لڑکھڑانا، چکر آنا اور الجھن۔

نشہ آور

ایک نشہ آور جسم کے حواس کو کمزور کر دیتا ہے (کسی شخص کو کم ہوشیار اور چوکنا رہنے اور بے فکر رہنے) اور درد کو دور کرتا ہے۔ منشیات کی وجہ سے کسی کو نیند آسکتی ہے، بیوقوف ہو سکتا ہے، آکشیپ ہو سکتی ہے، اور یہاں تک کہ وہ کوما میں جا سکتا ہے۔ کچھ نشہ آور ادویات۔جیسے کوڈین قانونی ہیں اگر ڈاکٹر درد کے علاج کے لیے دی جائیں۔ ہیروئن ایک غیر قانونی نشہ ہے کیونکہ اس کے خطرناک ضمنی اثرات ہیں اور یہ بہت لت ہے۔

محرک

ایک محرک جسم اور دماغ کو تیز کرتا ہے۔ محرکات، جیسے میتھمفیٹامائنز اور کوکین، ڈپریشن کے برعکس اثر رکھتے ہیں۔ عام طور پر، محرکات کسی کو بلند اور توانا محسوس کرتے ہیں۔ جب محرک کے اثرات ختم ہو جاتے ہیں، تو شخص تھکاوٹ یا بیمار محسوس کرے گا۔

***

نوجوان نسل میں منشیات کا بڑھتا رجحان لمحہ فکر

سیدہ طیبہ کاظمی

ہمارا معاشرہ، ہمارے نوجوان ایک ایسی برائی کے پنجے میں جکڑے ہوئے ہیں جو انہیں مختصر وقت کی لذت اور زندگی بھر کے لیے بیماریوں میں مبتلا کر رہی ہے۔ منشیات کا غلط استعمال کسی بھی غیر قانونی دواسازی کی دوائیوں کا بغیر کسی طبی ضرورت کے استعمال ہے، جو طویل مدت میں افراد پر منفی اثرات مرتب کرتا ہے۔ ہمارے نوجوانوں کی منشیات میں ملوث ہونے کی وجہ اخلاقیات میں کمی، سماجی دباؤ، تناؤ سے نمٹنے میں ناکامی، کم ہوتے معاون بندھن ہیں۔ بیشتر رپورٹوں سے پتہ چلتا ہے کہ بڑی تعداد میں کم عمر بچے اس کا شکار ہو رہے ہیں۔

منشیات کی لت اور اس کا استعمال کسی خاص جگہ کا مسئلہ نہیں بلکہ پوری دنیا اس کے برے اثرات کا شکار ہے۔ بھارت بھی اس سے مستثنیٰ نہیں ہے، در حقیقت اقوام متحدہ کی ایک رپورٹ کے مطابق بھارت میں ۱۰ لاکھ سے بھی زیادہ افراد، جس میں ہر عمر کے لوگ شامل ہیں، ہیروئن کے عادی ہیں۔ ۱۲ سے ۷۰ سال کی عمر کے لوگ زیادہ تر اس خطرناک مسئلے یعنی منشیات کی لت میں ملوث ہیں۔ بھنگ، چرس، گانجا، ہیروئن اور فارماسیوٹیکل منشیات کے علاوہ نشہ آور ادویات، بھارت میں سب سے زیادہ استعمال کی جانے والی چیزیں ہیں۔ یہ مادے کئی طریقوں سے لیے جاتے ہیں، کچھ کو کھایا جاتا ہے، ان میں سے کچھ کو

سونگھ کر لیا جاتا ہے اور باقی کو نس کے ذریعے لیا جاتا ہے۔ شراب، تمباکو، سگریٹ یہ وہ چیزیں ہیں جو ہر تیسرا شخص بڑے پیمانے پر لیتا ہے اور سب سے زیادہ استعمال کی جانے والی چیزیں ہیں۔

منشیات کا اضافہ لوگوں کو کچھ سنگین جرائم کی طرف لے جاتا ہے۔ چھیڑ چھاڑ، گروہی تصادم، قاتلانہ حملے، منشیات کے استعمال سے بڑھتے ہیں۔ اس نشے نے لوگوں کو ذہنی طور پر تباہ کر دیا ہے، ان کی جسمانی، اخلاقی اور فکری نشوونما کو بھی بہت زیادہ نقصان پہنچا ہے۔ زیادہ تر لوگ ان منشیات کی قیمتوں کو برداشت نہیں کر سکتے اور پھر یہ لوگ جرم کی دنیا میں قدم رکھتے ہیں۔

وبائی امراض کے سروے کے مطابق منشیات کے غلام افراد میں ایچ آئی وی، ہیپاٹائٹس بی، ہیپاٹائٹس سی اور تپ دق کی شرح بہت زیادہ ہے۔ منشیات کے استعمال یا اس کی لت نے انفرادی گروہ کو تباہ کر دیا ہے جس کے بارے میں خیال کیا جاتا ہے کہ یہ سب سے زیادہ نقصان ہے۔ لہٰذا انفرادی اور قومی سطح پر دونوں کی ترقی میں سنگین رکاوٹ ثابت ہو رہی ہے۔ اس لت کے برے اثرات صرف ایک فرد پر ہی نہیں بلکہ اس کے خاندان اور ان کے قریبی لوگوں کو بھی بھگتنا پڑتے ہیں۔

خواتین بھی زیادہ تر اس مسئلے سے متاثر ہوتی ہیں۔ کئی بار خاندان اس لت کی وجہ سے پیدا ہونے والے مالی، نفسیاتی اور صحت کے مسائل کی وجہ سے مکمل طور پر تباہ ہو جاتے ہیں۔ پہلے یہ مسئلہ صرف بڑے شہروں میں دیکھا جاتا تھا، لیکن اب چھوٹے شہر حتیٰ کہ دیہات بھی اس سنگین مسئلے سے دوچار ہیں۔ اس لعنت سے متاثر ہونے والے لوگوں کی بہت سی مثالیں ہمارے اپنے ارد گرد دیکھنے کو ملتی ہیں۔ نام نہیں بتانے کی شرط پر ایک شخص نے اس لت میں اپنے تجربے کے بارے میں بتایا کہ وہ تمباکو اور سگریٹ کا عادی

تھا۔ اس کا کہنا ہے کہ 'یہ سب میں نے مذاق میں شروع کیا تھا، لیکن دور نکل گیا تھا'، پھر گھر والوں سے ہزار جھگڑوں کے بعد اس پر کنٹرول کرنے کی کوشش کی۔ ابھی بھی کبھی کبھار پھر سے شروع کرنے کا من کرتا ہے لیکن گھر والوں کے حالات دیکھ کر کنٹرول کر لیتا ہوں۔ وہ کہتے ہیں کہ جو لوگ منشیات جیسی لعنت میں داخل ہو چکے ہیں اگر سماج اور ان کے اہل خانہ کوشش کریں تو وہ ان کو اس سماجی لعنت سے باہر نکال سکتے ہیں۔ ان کے الفاظ نے ایک بات بالکل واضح کر دی کہ اکثر معاملات میں ہر چیز تفریح سے شروع ہوتی ہے اور سنجیدہ جدوجہد پر ختم ہوتی ہے۔

اس سلسلے میں سماجی کارکن سید انیس الحق کہتے ہیں کہ:

"بے روزگاری اور بڑھتے سماجی تناؤ کی وجہ سے اکثر نوجوان منشیات میں اپنی زندگی کو دھکیل دیتے ہیں اور پھر انہیں واپس سماجی ٹریک پر لانا کسی مشکل سے کم نہیں ہے۔"

ان کے مطابق:

"نوجوان نسل کو منشیات سے دور رکھنے میں سماج کو اپنا کلیدی کردار ادا کرنا چاہیے۔ والدین کو اپنی اولادوں پر سخت نظر رکھنی چاہیے اور ان کے قول و فعل پر خاص توجہ دینے کی ضرورت ہے۔"

انہوں نے مزید کہا کہ عوام کو اس سلسلے میں انتظامیہ کا تعاون کرنا چاہئے تاکہ سماج سے اس سماجی علت کو باہر نکال پھینکا جائے۔ ایسا نہیں ہے کہ عام آدمی ہی اس کا عادی ہوتا ہے بلکہ دنیا کی کئی بڑی شخصیات بھی منشیات کا شکار ہو چکی ہے۔ یہ بات بالکل عیاں ہے کہ خاندان اور اپنے پیاروں کے تعاون سے چند خوش نصیب لوگ اس مشکل پر قابو پاتے ہیں لیکن ہر کسی کو یہ نعمت نہیں ملتی۔ اس لیے یہ بہتر ہے کہ ہم یہ زہر تفریح کے لیے بھی نہ لیں۔ واضح رہے کہ منشیات پر قابو پانے کے لیے ملک میں بہت سے قوانین بنائے گئے

ہیں اور ان پر سختی سے عمل درآمد بھی کیا جاتا ہے۔ لیکن اب وقت آگیا ہے کہ ہم انفرادی سطح پر خود سے یہ عہد کریں کہ ہم نہ تو منشیات لیں گے اور نہ ہی دوسروں کو لینے دیں گے، نشے کے عادی افراد کی مدد کریں گے اور انہیں اس سماجی لعنت سے نجات دلانے میں ان کی مدد کریں گے۔ جب عوام اور حکومت دونوں مل کر کام کریں گے تب ہی اس برائی کو معاشرے سے نکالا جاسکتا ہے۔ حکومتی اور غیر سرکاری تنظیموں کی طرف سے نشے سے بچاؤ کے بہت سے پروگرام ہیں لیکن کم فنڈنگ، ناکافی تربیت اور سروس فراہم کرنے والوں کی مہارتوں میں کمی، دیکھ بھال کے بعد ناکافی سہولیات جیسی بعض رکاوٹوں کی وجہ سے، یہ نشے سے نجات کے پروگرام اتنے موثر نہیں ہیں جتنے کہ ہونے چاہیے۔ اس مسئلے پر زیادہ توجہ دی جانی چاہیے اور اسکول کی سطح سے اتنی تعلیم فراہم کی جانی چاہیے کہ ہر شخص کو معلوم ہوسکے کہ یہ برائی کتنی خطرناک ہوسکتی ہے۔

***

منشیات کا مسئلہ — حل ممکن ہے!

ویب ڈیسک

"شراب کی بوتلوں میں کوکین کی بڑی کھیپ پکڑی گئی۔" اس شہ سرخی کے تحت اخبار کے مضمون نے بیان کِیا کہ کیسے جوہانزبرگ، جنوبی افریقہ کی پولیس نے جنوبی امریکہ کا شراب کی ۱۱،۶۰۰ بوتلوں والا ایک کنٹینر پکڑا۔ شراب میں تقریباً ۱۵۰ سے ۱۸۰ کلوگرام کوکین ملی ہوئی تھی۔ خیال ہے کہ یہ آج تک مُلک میں آنے والی کوکین کی سب سے بڑی کھیپ تھی۔

اگرچہ منشیات کے خلاف ایسی کارروائیاں حوصلہ افزا نظر آتی ہیں مگر حقیقت یہ ہے کہ عالمی پیمانے پر پولیس اندازاً ۱۰ سے ۱۵ فیصد منشیات ہی پکڑ پاتی ہے۔ افسوس سے کہنا پڑتا ہے کہ یہ بالکل ایسے ہے جیسے کوئی مالی کسی زہریلی جڑی بوٹی کے چند پتے توڑ کر پھینک دیتا ہے مگر اُسکی جڑیں زمین میں رہنے دیتا ہے۔

منشیات سے حاصل ہونے والا بڑا منافع انکی پیداوار اور فروخت پر پابندی لگانے والی حکومتوں کی کاوشوں میں رکاوٹ بنتا ہے۔ صرف ریاستہائے متحدہ میں، ہر سال منشیات کا اندازاً کئی بلین ڈالر کا غیرقانونی کاروبار ہوتا ہے۔ اتنی بڑی رقم کے پیشِ نظر یہ کوئی حیران کُن بات نہیں کہ پولیس، حکومتی اہلکار، حتیٰ کہ بعض اعلیٰ عہدوں پر فائز لوگ بھی بدعنوانی کی طرف مائل ہیں۔

دی گارڈین ویکلی کے ایلکس بیلوز نے برازیل سے رپورٹ پیش کی کہ ایک پارلیمانی تفتیش کے مطابق، "تین کانگریسی، ۱۲ اسٹیٹ ڈپٹی اور تین میئر برازیل میں منظم جُرم اور منشیات کے ناجائز کاروبار میں ملوث ۸۰۰ لوگوں کی فہرست میں شامل تھے۔" اس فہرست میں، "۲۷ میں سے ۱۷ ریاستوں کی پولیس، وکیل، کاروباری لوگ اور کسان" بھی شامل تھے۔ اِن اعدادوشمار کی بابت براسلیا یونیورسٹی کے سیاسیات کے پروفیسر نے کہا: "یہ الزام دراصل تمام برازیلی معاشرے پر عائد ہوتا ہے۔" یہی بات اُن تمام معاشروں کی بابت بھی کہی جاسکتی ہے جنہیں منشیات نے کافی زیادہ متاثر کیا ہے۔ مسئلے کی اصل وجہ طلب ورسد کے کاروباری قوانین ہیں۔

قانونی پابندیوں کی محدود کامیابی کے پیشِ نظر کچھ لوگ بعض منشیات کو قانونی طور پر جائز قرار دینے کی حمایت کرتے ہیں۔ عام رُجحان یہ ہے کہ لوگوں کو ذاتی استعمال کیلئے منشیات کی تھوڑی مقدار اپنے پاس رکھنے کی اجازت ہونی چاہئے۔ خیال ہے کہ ایسا کرنے سے حکومت کیلئے اس پر قابو پانا آسان ہو جائیگا اور منشیات کا کاروبار کرنے والوں کو بھی خطیر منافع حاصل نہیں ہو گا۔

بعض کامیاب ہو جاتے ہیں

منشیات کے عادیوں کا علاج کرنے کے لئے سب سے پہلے اُنہیں مزید منشیات کے استعمال سے روک کر تندرست کرنے کی کوشش کی جاتی ہے۔ افسوس کی بات ہے کہ جب نشے کا عادی اپنے اصل ماحول میں واپس جاتا ہے تو وہ دوبارہ منشیات استعمال کرنے کی آزمائش میں پڑ سکتا ہے۔ مصنف لیوجی زوجا اس کی وجہ بیان کرتا ہے: "مریض کی توجہ بالکل نئی سمت میں لگائے بغیر اُس کی عادت کو بدلنا ناممکن ہے۔"

ایک مضمون میں متذکرہ ڈیرن کو "نئی سمت" مل گئی جس نے اُس کی زندگی بدل

ڈالی۔ وہ بیان کرتا ہے: "مَیں دہریہ تھا مگر ایک وقت آیا کہ سارا دن منشیات کے نشے میں چور رہنے کے باوجود مجھے اس بات کا احساس ہوا کہ کوئی خدا ضرور ہے۔ مَیں نے دو تین مہینے منشیات سے چھٹکارا حاصل کرنے کی کوشش کی مگر میرے دوست مجھے ایسا کرنے سے روکتے تھے۔ منشیات استعمال کرنے کے ساتھ ساتھ مَیں نے سونے سے پہلے باقاعدہ بائبل پڑھنی شروع کر دی۔ اب مَیں اپنے دوستوں سے کم ملتا تھا۔ ایک شام مَیں نے اور میرے دوست نے بہت زیادہ نشہ کِیا ہوا تھا۔ مَیں نے اُس کے سامنے بائبل کا ذکر کِیا۔ اگلی ہی صبح اُس نے اپنے بڑے بھائی کو ٹیلیفون کِیا جو یہوواہ کا گواہ تھا۔ اُس نے ہمیں ایک گواہ کا پتا دیا جو ہمارے شہر میں ہی رہتا تھا لہٰذا مَیں اُس سے ملنے کیلئے گیا۔

"ہم رات ۱۱ بجے تک گفتگو کرتے رہے اور مَیں وہاں سے بائبل مطالعے کے لئے تقریباً ایک درجن امدادی کُتب لیکر آیا۔ مَیں نے اُس کے ساتھ بائبل مطالعہ شروع کر دیا اور منشیات اور تمباکو نوشی ترک کر دی۔ تقریباً نو مہینے بعد مَیں نے یہوواہ کے گواہ کے طور پر بپتسمہ لے لیا۔"

منشیات کی عادت ترک کرنا آسان نہیں ہے۔ پچھلے مضمون میں متذکرہ مائیکل بیان کرتا ہے کہ ۱۱ سال تک منشیات استعمال کرنے کے بعد جب اُس نے اِنہیں ترک کر دیا تو اُسے کن مشکلات کا سامنا کرنا پڑا: "مجھے بھوک نہیں لگتی تھی جسکی وجہ سے میرا وزن بڑی تیزی سے کم ہونے لگا۔ مجھے ایسا محسوس ہوتا تھا کہ گویا کوئی میرے بدن میں سوئیاں چبھو رہا ہے اور بار بار پسینے آتے تھے اور مجھے چلتے پھرتے لوگ بھی صاف دکھائی نہیں دیتے تھے۔ میرے اندر منشیات کی طرف لوٹ جانے کی شدید خواہش اُٹھتی تھی مگر دُعا میں یہوواہ کے قریب جانے اور بائبل کا مطالعہ کرنے سے مجھے منشیات سے دُور رہنے میں مدد ملی۔" ماضی میں منشیات استعمال کرنے والے یہ لوگ اس بات پر اتفاق کرتے ہیں کہ اُن

کیلئے اپنے سابقہ دوستوں سے بالکل دُور رہنا نہایت ضروری تھا۔

انسانی کاوشوں کی وجۂ ناکامی

منشیات کا ناجائز استعمال عالمگیر مسئلے کا صرف ایک حصہ ہے۔ بدکاری، تشدد اور ظلم کے بڑھتے ہوئے اثرات نے ساری دُنیا کو اپنی گرفت میں لے رکھا ہے۔ بائبل بیان کرتی ہے: "ساری دُنیا اُس شریر کے قبضہ میں پڑی ہوئی ہے۔" (۱-یوحنا ۱۹:۵) یوحنا رسول مکاشفہ ۹:۱۲ میں "اُس شریر" کی شناخت کراتا ہے: "وہ بڑا اژدہا یعنی وہی پُرانا سانپ جو ابلیس اور شیطان کہلاتا ہے اور سارے جہان کو گمراہ کر دیتا ہے زمین پر گرا دیا گیا اور اُسکے فرشتے بھی اُسکے ساتھ گرا دئے گئے۔"

اپنی کمزوریوں کے علاوہ انسان کو اس طاقتور دُشمن کا بھی مقابلہ کرنا ہے۔ شیطان ہی شروع میں انسانی زوال کا باعث بنا تھا۔ وہ نسلِ انسانی کو مزید پست کرنے اور اُنہیں خدا سے دُور کرنے پر تلا ہوا ہے۔ ایسا لگتا ہے کہ انسانوں میں منشیات کا غلط استعمال اُسکی حکمتِ عملی کا ایک حصہ ہے۔ وہ شدید غصے میں ہے کیونکہ وہ جانتا ہے کہ اُس کا "تھوڑا ہی سا وقت باقی ہے۔" —مکاشفہ ۱۲:۱۲۔

خدائی حل کیا ہے؟

بائبل نسلِ انسانی کو گنہگارانہ حالت سے نجات دلانے کے لئے خالق کے پُرمحبت بندوبست کی بابت بتاتی ہے۔ ۱-کرنتھیوں ۲۲:۱۵ بیان کرتی ہے: "جیسے آدم میں سب مرتے ہیں ویسے ہی مسیح میں سب زندہ کئے جائیں گے۔" یسوع نے ایک کامل انسان کے طور پر بخوشی زمین پر آکر نسلِ انسانی کو گناہ اور موت کے اثرات سے آزاد کرنے کے لئے اپنی جان قربان کردی۔

موت کے سبب اور انسان کو درپیش مسائل کے حل سے واقف ہونا بہتیرے

لوگوں کو منشیات کا استعمال ترک کرنے کی تحریک اور حوصلہ دیتا ہے۔ لیکن بائبل انفرادی طور پر منشیات کے مسئلے سے نپٹنے کے لئے مدد فراہم کرنے کے علاوہ بھی بہت کچھ بتاتی ہے۔ یہ اُس وقت کی بابت بیان کرتی ہے جب شیطان کے اثرورسوخ کے ختم ہو جانے کے بعد منشیات کے مسئلے کے ساتھ ساتھ دُنیا کی دیگر بُرائیاں بھی ہمیشہ کے لئے ختم ہو جائیں گی۔

مکاشفہ کی کتاب 'بلور کی طرح چمکتے ہوئے آبِ حیات کے ایک دریا' کا ذکر کرتی ہے 'جو خدا اور برّہ کے تخت سے نکلکر بہتا ہے۔' (مکاشفہ ۲۲:۱) یہ علامتی دریا یسوع مسیح کے وسیلے زمینی فردوس میں کامل انسانی زندگی بحال کرنے کے سلسلے میں یہوواہ کے بندوبست کی تصویر کشی کرتا ہے۔ مکاشفہ کی کتاب دریا کے وارپار حیات کے درختوں کا ذکر کرتے ہوئے بیان کرتی ہے: "اُس درخت کے پتوں سے قوموں کو شفا ہوتی تھی۔" (مکاشفہ ۲۲:۲) یہ علامتی پتے نسلِ انسانی کو روحانی اور جسمانی کاملیت عطا کرنے کے سلسلے میں یہوواہ کی شفائی فراہمیوں کی تصویر کشی کرتے ہیں۔

بالآخر انسان نہ صرف منشیات سے بلکہ اس بدکار نظام میں درپیش دیگر بُرائیوں اور مسائل سے بھی آزاد ہو جائینگے!

چرس کتنی بے ضرر ہے؟

کئی ممالک طبّی وجوہات کی بِنا پر چرس کو قانونی طور پر جائز قرار دینے کی بابت سوچ رہے ہیں۔ پتہ چلا ہے کہ یہ کیمیائی ادویات سے علاج کے باعث ہونے والی متلی کو روکنے کے علاوہ ایڈز سے متاثرہ اشخاص میں بھوک کی کمی پر قابو پانے میں بھی معاون ثابت ہوتی ہے۔ اسے مانع درد کے طور پر بھی استعمال کِیا گیا ہے۔

اگرچہ تحقیق کے نتائج کی بابت اختلافِ رائے پائی جاتی ہے تو بھی نیو سائنٹسٹ

میگزین میں جن ٹیسٹوں کا ذکر کِیا گیا اُن سے اس کے چند مُضر اثرات سامنے آئے ہیں۔

ہاورڈ یونیورسٹی کے ایک ٹیسٹ نے روزانہ چرس پینے والے ایک گروپ کا موازنہ ایک ایسے گروپ سے کِیا جو اسے قدرے کم استعمال کرتا تھا۔ معیاری دماغی ٹیسٹ میں بہت کم فرق نظر آیا۔ تاہم، مطابقت پذیری سے متعلق ایک ٹیسٹ میں زیادہ چرس استعمال کرنے والوں کی کارکردگی تسلی بخش نہیں تھی۔

ایک دوسری یونیورسٹی نے ۱۵ سال سے باقاعدہ چرس پینے والے گروپ اور سگریٹ نوشی کرنے والے گروپ کا ٹیسٹ کِیا۔ چرس پینے والے عموماً دن میں تین یا چار مرتبہ اِسے پیتے تھے جبکہ سگریٹ نوش دن میں ۲۰ یا اس سے بھی زیادہ سگریٹ پیتے تھے۔ تاہم، دونوں گروپوں کی یکساں تعداد کھانسی اور سانس کی بیماری میں مبتلا پائی گئی۔ پھیپھڑوں کی جانچ نے بھی ظاہر کِیا کہ دونوں گروپوں میں خلیوں کو ایک ہی جیسا نقصان پہنچا ہے۔

اگرچہ چرس پینے والے بہت کم مرتبہ اِسے پیتے تھے تو بھی یہ دریافت ہوا کہ چرس سے بھری ایک سگریٹ تین دوسری سگریٹوں جتنا تارکول خارج کرتی ہے۔ علاوہ ازیں، نیو سائنٹسٹ نے بیان کِیا: "چرس پینے والے زیادہ گہرا کش لیتے اور زیادہ دیر تک سانس روکے رکھتے ہیں۔"

مزید برآں، سگریٹ نوشی کرنے والوں کے خلیوں کی نسبت چرس پینے والوں کے پھیپھڑوں کے مدافعتی خلیوں میں جراثیم کا مقابلہ کرنے کیلئے ۳۵ فیصد کم طاقت ہوتی ہے۔

والدین پر "تکلیف دہ الزام"

جنوبی افریقہ کے اخبار سیٹرڈے سٹار کے اداریے نے جنوبی افریقہ میں نوجوانوں کے اندر منشیات استعمال کرنے کے رُجحان میں حیران کُن اضافے پر تشویش کا اظہار

کرتے ہوئے کہا:

"بچوں کا منشیات استعمال کرنا نہ صرف والدین بلکہ سارے معاشرے پر تکلیف دہ الزام عائد کرتا ہے۔ مادی حاصلات کی تگ ودَو میں ہم مسلسل سخت محنت کرتے ہیں۔ ہمارے بچوں کے مطالبات حد سے زیادہ بڑھ جاتے ہیں۔ لیکن کیا ہم اُنہیں اپنا بہترین وقت دیتے ہیں؟ اُنہیں اپنے سر سے اُتارنے کیلئے پیسے دے دینا بہت آسان ہے یعنی اُنکی اُمنگوں، اندیشوں اور اختلافات کو سننے کی نسبت اُنہیں پیسے دے کر پیچھا چھڑانا آسان لگتا ہے۔ مگر آج رات ریسٹورانٹ میں کسی میز پر یا گھر میں ٹی وی کے سامنے بیٹھے ہوئے کیا ہم یہ جانتے ہیں کہ ہمارے بچے کیا کر رہے ہیں؟"

یا یوں کہہ لیجئے کہ کیا ہم جانتے ہیں کہ وہ کیا سوچ رہے ہیں؟

بہتیرے لوگوں نے منشیات ترک کرنے کی تحریک پائی ہے!

***

منشیات اور نئی نسل کی تباہی

سیدہ تبسم منظور

ہمارے معاشرے میں منشیات کا بڑھتا ہوا رجحان اور نفسیاتی مسائل کسی سنگین خطرے سے خالی نہیں. ہر روز ہم اخبارت اور شوشل میڈیا پر اس طرح کی کئی خبریں دیکھتے اور سنتے ہیں۔ منشیات کا نشہ ایک ایسی لعنت ہے جو سکون کے دھوکے سے شروع ہوتی ہے اور زندگی کی بربادی پر ختم ہو جاتی ہے۔ منشیات کی لعنت صرف ہائیر تعلیمی اداروں اور ہائیر سوسائٹی میں ہی نہیں بلکہ جگہ جگہ ایک فیشن کے طور پر سامنے آرہی ہے۔ گاؤں کھیڑے کے بچے بھی اس سے محفوظ نہیں ہیں۔ جس کے انتہائی مضر اثرات نمایاں نظر آرہے ہیں۔ راہ چلتے چھوٹے بچے بھی سگریٹ کا دھواں اڑاتے دیکھائی دیتے ہیں۔

اکثر بچے اور نوجوان والدین کی غفلت اور ان کے رویہ کی وجہ سے نشے کی عادت کا شکار ہو جاتے ہیں۔ والدین اپنی مصروف زندگی میں سے کچھ وقت اپنے بچوں کو بھی دیں۔ انہیں معلوم ہونا چاہیے کہ وہ کیا کرتے ہیں۔۔۔ کہاں جاتے کس سے ملتے ہیں۔ بعض مرتبہ تو غلط صحبت ملنے سے نشے کے عادی ہو جاتے ہیں۔ کئی اپنے مسائل سے ڈر کر اور کئی حقیقت سے فرار حاصل کرنے کے لئے بھی نشہ کا سہارا لیتے ہیں۔ ہم دیکھتے ہیں کہ یہ نوجوان نسل فیشن کے طور پر سگریٹ یا دیگر نشہ آور چیزوں کا استعمال شروع کرتی ہے پھر

یہ فیشن یہ شوق وقت کے ساتھ ساتھ ضرورت بن جاتا ہے اور اس طرح وہ شخص مکمل طور پر نشے کا عادی بن جاتا ہے۔ اور پھر اس کے دل و دماغ کو مکمل تباہ و برباد کر دیتا ہے۔ پھر وہ شخص ہر وقت نشے میں مدمست رہتا ہے۔ اور اس کو پورا کرنے کے لئے ہر وہ غلط کام کرنے لگتا ہے جہاں سے پیسے حاصل کر سکے۔ اور اس طرح اچھا بھلا تندرست صحت مند انسان اپنی زندگی کو تباہی کی دہلیز پر لا کر کھڑا کرتا ہے۔

پوری دنیا منشیات کے خوفناک زہر کے حصار میں ہے۔ نئی نسل اپنے تابناک مستقبل سے لاپرواہ ہو کر تیزی کے ساتھ اس زہر کو مٹھائی سمجھ رہی ہے۔ اور کھائے جارہی ہے۔ سگریٹ اور شراب پیتے ہوئے لوگوں کو دوستوں کو دیکھ کر دل مچل جاتا ہے۔ جو نوجوان نسل کو تباہ کر رہا ہے ان کی زندگی کو اندھیرے میں ڈال کر ان کی جوانی کو آہستہ آہستہ کھوکھلا کر رہا ہے۔

منشیات کی عادت ایک خطرناک مرض ہے۔ یہ خود انسان کو اور اس کے گھربار کو معاشرے اور پورے ملک و قوم کو تباہ کر دیتا ہے۔ اگر ایک بار کوئی نشہ کرنے کا عادی ہو جائے تو وہ پھنستا ہی جاتا ہے۔ اور پھنسنے کے بعد اس کے مضر اثرات کا انہیں ادراک ہوتا ہے۔ یہی وجہ ہے کہ آج پوری دنیا میں اس کے خلاف آواز اٹھائی جاری ہے، لیکن اس کے باوجود اس میں دن بہ دن اضافہ ہوتا چلا جارہا ہے۔ آخر کیوں ؟؟؟

منشیات ایک ایسا میٹھا زہر ہے جو انسان کو دنیا و آخرت سے بیگانہ کر دیتا ہے۔ اس کو استعمال کرنے والا ہر شخص حقیقت سے فرار حاصل کرتا ہے اور خیالوں میں بھٹکتا ہے۔ منشیات کا نشہ پہلے پہل ایک شوق ہوتا ہے پھر آہستہ آہستہ ضرورت بن جاتا ہے۔ نشے کا عادی شخص دردناک کرب میں لمحہ لمحہ مرتا ہے۔ اس کی موت صرف اس کی نہیں ہوتی بلکہ اس کی خوشیوں کی خواہشات کی تمناؤں کی بھی موت ہوتی ہے۔ کوئی اگر نشہ کرنا

شروع کرتا ہے تو اس کے پیچھے کوئی نہ کوئی وجہ، کوئی واقعہ، مایوسی، محرومی اور ناکامی کا کوئی پہلو ہوتا ہوگا۔ پر انسان یہ کیوں نہیں سوچتا کہ مایوسی اور ناکامی کا علاج صرف نشہ کرنا نہیں۔ بلکہ نشہ انسان کی صحت کے لیے زہر ہے۔ آج کل نئے نئے فلیور میں نشہ آور چیزیں دستیاب ہوتی ہیں۔ لیکن یہ نشہ انسان کی صحت خراب کرنے کے ساتھ ذہنی طور پر مفلوج کر دیتا ہے۔ نشہ بیچنے والے دلال، لوگوں سے، قوم سے، نئ نسل سے پیسے بٹور کر ان کو تباہی کی طرف ڈھکیل دیتے ہیں۔ نسلیں تباہ ہو رہی ہے ہو جائے اُن کی بلا سے انہیں تو صرف نوٹ بٹورنے ہیں۔

کسی بھی قوم کے لیے اصل قوت اِن کے نوجوان ہوتے ہیں۔ نئ نسل کا جذبہ ہی کسی بھی قوم کو بھرپور ترقی سے ہم کنار کرتا ہے۔ کسی بھی ملک میں نئ نسل کو ملک کی بہتر خدمت کے لیے بھرپور انداز سے تیار کرنے پر توجہ دی جاتی ہے۔ صرف معاشی ترقی کے لئے ہی ضروری نہیں ہوا کرتی بلکہ ملک کے دفاع میں بھی اس کا بھرپور کردار ہوتا ہے۔ یہ نوجوان ہی ہیں جو سرحدوں پر رات دن جاگ کر ملک کو دشمنوں سے بچاتے ہیں۔ ملک کی آزادی اور خودمختاری کا حقیقی تحفظ نئ نسل ہی کی بدولت ممکن ہو پاتا ہے۔ اگر نئ نسل متحد اور چوکس ہو تو دشمن اپنے ناپاک عزائم کو عملی جامہ کسی بھی طور نہیں پہنا سکتا.

لیکن آج نشے کے تاجروں کے ذریعے نئ نسل کو مختلف نشوں کی عادت میں مبتلا کرنا اپنا ہدف بنا رکھا ہے۔ کسی ملک کی نئ نسل منشیات کی عادی ہو جائے نتائج انتہائی خطرناک ہو جاتے ہیں۔

ایک طرف تو دنیا بھر میں منشیات کے خلاف بھرپور مہم چلائی جا رہی ہے اور کوشش کی جا رہی ہے کہ دنیا کو ہر طرح کی منشیات سے بالکل پاک کرکے نوجوانوں کو مکمل تباہی سے بچایا جائے اور دوسری طرف منشیات کا مافیا نئ نسل کو تباہ کرنے کے درپے ہے اور یہ

منشیات کی غیر قانونی تجارت سے کروڑوں کماتے ہیں۔ نوجوانوں کو ہیروئن، کوکین، چرس، گانجا، افیم اور نہ جانے کتنے طرح کے نشے میں مبتلا کرنے کی بھرپور کوشش کر رہے ہیں۔اور نئی نسل کا منشیات کی لت میں مبتلا ہونا انتہائی خطرناک ہے کیونکہ اس کے نتیجے میں آگے چل کر ملک کو افرادی قوت کی شدید قلت کا سامنا ہو سکتا ہے۔اور سوال صرف معاشی نقصان کا نہیں ہے بلکہ نئی نسل کو منشیات کی لت میں مبتلا کر کے کسی کام کا نہ رہنے دیا جائے۔ جب نئی نسل منشیات کی عادی ہو گی تو معاشرتی خرابیاں بھی پیدا ہوں گی اور اس کے نتیجے میں پورے معاشرے میں بگاڑ پھیلے گا۔ معاشرے کی بنیاد ہلانے میں اور نئی نسل کو تباہ و برباد کرنے میں کوئی کسر باقی نہیں رکھی۔

***

منشیات کا نشہ

ایڈوکیٹ صیّاد حُسین ترکیٔ

منشیات کا نشہ ایک بدترین نشہ ہے جو سکون کے دھوکے سے شروع ہوتا ہے اور زندگی کی بربادی پر ختم ہو جاتا ہے۔ مذاہب عالم میں فوقیت و برتری کے حامل دین اسلام تمام نشہ آور چیزوں کے استعمال سے ممانعت کا حکم دیتا ہے اور حضرت محمد صلی اللہ علیہ وآلہ وسلم نے نشہ آور چیزوں کو حرام قرار دیا۔ قرآن مجید کے احکامات کا اگر بغور مطالعہ کیا جائے تو قرآن مجید میں اللہ تبارک و تعالیٰ نے کئی بار نماز ادا کرنے کا حکم دیا ہے لیکن نشہ کی حالت میں رہنے والے لوگوں کو اپنی عبادت بالخصوص نماز ادا کرنے سے منع کرتے فرمایا ہے۔ فرمان الٰہی ہے: اے ایمان والو جب تم نشے کی حالت میں ہوں تو نماز کے قریب بھی نہ جاؤ جب تک کہ اپنی بات کو سمجھنے نہ سکو۔ (النساء:۴۳)۔

لیکن بد قسمتی سے ہمارے معاشرے میں منشیات کا استعمال روز بروز بڑھتا ہوا نظر آرہا ہے۔ اقوام متحدہ کی رپورٹ کے مطابق پاکستان میں تقریباً ۸۰ لاکھ افراد نشے کے مضر مرض میں مبتلا ہیں اور اس رپورٹ کے مطابق اس تعداد میں ہر سال تقریباً ۴۰ ہزار افراد کا اضافہ ہوتا ہے جس میں ۷۰ سے ۸۰ فیصد تک مرد اور ۲۰ سے ۳۰ فیصد تک خواتین شامل ہیں۔ ہمارے معاشرے میں منشیات کا بڑھتا ہوا رجحان نفسیاتی مسائل جیسے سنگین خطروں اور پریشانیوں کی گھنٹیاں بجا رہا ہے۔

پاکستان میں بطور نشہ کئی چیزیں استعمال کی جاتی ہیں جس میں سگریٹ، چرس، ائس، شیشہ، شراب، افیوم، ہیروئن، بھنگ، کرسٹل، صمد بانڈ، کیفین اور نشہ آور انجیکشنز و ادویات شامل ہیں۔ ایک ملک میں اگر نشے کا تناسب اس حد تک پہنچ جائے کہ ہر سال ۴ ملین تک لوگ اس تباہی کی طرف جاتے ہوں تو یہ تناسب ایک قوم کیلئے کسی خطرے سے کم نہیں۔

بد قسمتی سے ہمارے ملک میں نشہ کے استعمال اور صحت پر اسکے مضر اثرات و بھیانک نتائج سے عوام کو آگاہ کرنے کیلئے کوئی سنجیدہ اقدامات نہیں کئے جاتے۔ پاکستان میں آئس ایران سے لائے جاتے ہیں جس کی اصل قیمت زیادہ ہونے کی وجہ سے ہمارے ملک کے اندرونی منشیات مافیاز اسمیں کئی خطرناک قسم کے کیمیکلز استعمال کر کے پھر عام عوام کو غیر قانونی طریقے سے فراہم کرتے ہیں اور عوام سے ناجائز کروڑوں روپے بٹورنے میں کامیاب ہو جاتے ہیں۔ ایک ملک کی افرادی قوت کو کمزور کرانے کیلئے اس قوم میں منشیات کے استعمال کو عام کرنا بد ترین دشمن کا ہدف ہوتا ہے۔ بالکل اسی طرح پاکستان میں بھی ملک کے اندرونی و بیرونی عناصر پاکستان میں نشہ آور چیزوں کی فراہمی میں بھرپور کوشش کر رہے ہیں۔ ملک دشمن عناصر اور حاسدین، عوام کے ہاتھوں غیر اسلامی، غیر قانونی اور غیر اخلاقی طور پر رقم بٹورنے کیلئے منشیات کی فراہمی میں سرگرم رہتے ہیں اور ہمارا معاشرہ اس کو نظر بد سے دیکھتے ہوئے برداشت کرتے ہیں اور آہستہ آہستہ یہ ان کے گھروں تک پہنچ جاتا ہے۔

منشیات نہ صرف آوارہ لوگ استعمال کرتے ہیں بلکہ آج کل تو سکولوں، کالجوں اور یونیورسٹیوں کے طلباء و طالبات نے بھی اس کا استعمال بطور فیشن شروع کیا ہے یہ نشہ تعلیمی اداروں میں سکون کے دھوکے، فیشن اور شوق سے شروع ہوتے ہوئے آہستہ

آہستہ شوق و فیشن سے ضرورت اور عادت بن کر ایک مضر اور خطرناک مرض بن جاتا ہے۔ ہمارے ملک میں منشیات کے عام ہونے کی کئی وجوہات ہیں جن میں سے والدین کی غفلت، غلط صحبت، مسائل سے ڈر، حقیقت سے فرار ہونے کی سوچ، مایوسی، محرامی، ناکامی ، بے روزگاری، مالی مسائل، اور خاندانی مسائل سر فہرست ہیں جس سے اکثر لوگ ڈپریشن کا شکار ہوتے ہیں اور سگریٹ، نسوار اور صمد بانڈ سے شروع کرکے پھر چرس، ائس اور شراب سے ہوتے ہوئے انجیکشنز اور خطرناک ترین حد تک پہنچنے پر اپنی زندگی اور معاشرے کیلئے ناسور بن جاتے ہیں۔

منشیات کے استعمال سے نفسیاتی ماہرین اور ڈاکٹروں کے ذریعے اجتناب حاصل کرنے کے لئے حکومت کے اقدامات اور عوام کی توجہ اس پر لانے کی اشد ضرورت ہے۔ منشیات کا استعمال ایک مرض ہے اور حکومت کو اس کی روک تھام کیلئے ہر خطے، علاقے یا ضلعے میں سنٹرز قائم کرنے چاہئیں اور اس میں نشہ کے عادی افراد کو مختلف ہنرمندی سے ہم کنار کرنے کے ساتھ ساتھ روزگار دینا چاہیئے اور عوام میں آگاہی مہم چلانی چاہیئے تاکہ عام عوام منشیات اور نشہ آور چیزوں کے خطرات، تباہی، بربادی اور اسکے بھیانک نتائج سے باخبر رہیں، تعلیمی اداروں میں منشیات کی روک تھام اور اسکے خطرناک ترین نتائج سامنے لانے کیلئے سیمینارز اور مختلف پروگراموں کا انعقاد نہایت اہمیت کا حامل ہے اور ہمارے علماء کرام کو چاہیئے کہ اسلام کی روشنی میں منشیات کی روک تھام میں اپنا بھرپور کردار ادا کرکے لوگوں کو آگاہ کرنے اور منشیات کے استعمال اور کاروبار سے منع کرنے میں اپنا کردار ادا کریں۔

***

منشیات کے تباہ کن اثرات

ڈاکٹر اکرام الحق

چھبیس جون منشیات کے استعمال اور اس کی غیر قانونی تجارت سے آگاہی کے دن کے طور پر منایا جاتا ہے۔ منشیات کے مضر اثرات سے عوام کو باخبر رکھنے کے لیے یو این کی جنرل اسمبلی نے ۱۹۸۷ء میں اس دن کو منانے کا فیصلہ کیا تھا۔ منشیات کے استعمال پر نارکوٹکس کنٹرول ڈویژن، پاکستان بیورو آف سٹیٹسٹکس اور یونائیٹڈ نیشن آفس کے تعاون سے کیے جانے والے ملک گیر سروے کے مطابق پاکستان میں منشیات کے عادی افراد کی تعداد ۶ء۷ ملین ہے جن میں ۷۸ فیصد مرد اور ۲۲ فیصد خواتین ہیں۔ سب سے زیادہ استعمال کی جانے والی نشہ آور چیز چرس ہے، جس کے عادی افراد کی تعداد چار ملین کے قریب ہے۔ ہیروئن اور افیون استعمال کرنے والوں کی تعداد منشیات کے عادی افراد کی تعداد کا ایک فیصد ہے۔ ملک میں ہیروئین کے عادی افراد کی تعداد ساڑھے آٹھ لاکھ ہے۔ منشیات کے عادی افراد میں سے دو ملین افراد ایسے ہیں جنہیں باقاعدہ علاج کی شدید ضرورت ہے، لیکن ایسے افراد کا علاج کرنے والا طبی ڈھانچہ ایک سال میں تیس ہزار سے بھی کم افراد کی نگہداشت اور بحالی کا کام سرانجام دے سکتا ہے۔

اس سروے سے سامنے آنے والی سب سے پریشان کن حقیقت یہ ہے کہ ہیروئین کے نشے میں مبتلا ہونے والوں میں اکثریت کی اوسط عمر چوبیس سال سے کم ہے اور یہ کہ

نوجوان افراد میں اس قبیح عادت میں مبتلا ہونے کے رجحان میں اضافہ ہو رہا ہے۔ لاہور کے دس کالجوں اور دو یونیورسٹیوں کا حال ہی میں لیا گیا جائزہ کچھ خوفناک حقائق سامنے لاتا ہے۔۔۔ اور یہ بات والدین کی رات کی نیندیں حرام کرنے کے لیے کافی ہے۔ جن طلبہ کا معائنہ کیا گیا، اُن میں ستاون فیصد کسی نہ کسی قسم کی منشیات استعمال کرتے تھے۔ اسی طرح کے کیے گئے اور بھی بہت سے سروے اس تلخ حقیقت کو بے نقاب کرتے ہیں کہ ملک میں نوجوان طلبہ، جنہیں قوم کا مستقبل تصور کیا جاتا ہے، میں منشیات کا استعمال خوفناک حد تک بڑھ رہا ہے۔ خوش قسمتی سے پچاسی سے نوے فیصد منشیات استعمال کرنے والے ایسے افراد ہیں جنہیں اس کی پختہ عادت نہیں ہوئی ہے اور اگر اُنہیں اس کے نتائج و عواقب سے آگاہ کیا جائے اور ان کی باقاعدہ نگہداشت کی جائے تو وہ اُس گڑھے میں گرنے سے بچ سکتے ہیں جہاں سے واپسی ناممکن ہوتی ہے۔

یہ افراد وہ ہوتے ہیں جو کسی قسم کا پیغام نہیں سمجھ سکتے کیونکہ منشیات کا استعمال اُن کے ذہن کو ماؤف کر دیتا ہے، لیکن جو افراد ابھی اس خرابی تک نہیں پہنچے ہوتے تو اُنہیں بچانے کی کوشش کی جاسکتی ہے۔ اسے بھی خوش قسمتی کہا جاسکتا ہے کہ پاکستان میں منشیات کے لاعلاج عادی افراد کی تعداد دس سے پندرہ فیصد سے زیادہ نہیں۔ بد قسمتی یہ ہے کہ منشیات کے خلاف جنگ میں مصروف کوئی ایجنسی بھی عوام کو منشیات کے تباہ کن اثرات سے باخبر رکھنے کی زحمت نہیں کرتی۔ اس کے نتیجے میں مختلف ادویات، جن میں نشہ آور اجزا پائے جاتے ہیں، کا بلا روک ٹوک غلط استعمال ہوتا ہے اور اس سے بہت سی ہلاکتیں بھی ہو جاتی ہیں لیکن کوئی ادارہ اس کو چیک نہیں کرتا۔ ہمارے ملک میں نہ صرف ممنوعہ ادویات بلکہ منظور شدہ ادویات کا بھی غلط استعمال عام ہے۔ اس مقصد کے لیے بہت سی سکون آور ادویات کو نشے کے طور پر استعمال کیا جاتا ہے۔

اس طرح یہ بات یاد رکھنے کی ہے کہ منفی استعمال سے ایک قانونی طور پر درست دوا بھی "غیر قانونی" بن جاتی ہے، تاہم اس میں ادویات ساز اداروں کا قصور نہیں ہوتا، لیکن کسی نہ کسی طریقے سے ان کا منفی استعمال روکا جانا چاہیے۔ اصل مسئلہ یہ ہے کہ زیادہ تر اُن ادویات کی ڈوز پر کیے جانے والے مطالعے ان ادویات کا جائزہ نہیں لے سکتے جو میڈیکل سٹوروں کی بجائے گلیوں میں سر عام فروخت ہوتی ہیں۔ منشیات کے عادی افراد استعمال کی جانے والی اشیا کے کیمیائی مرکبات سے ناواقف ہوتے ہیں۔

مثال کے طور پر وہ چرس، جو پاکستان میں سب سے زیادہ استعمال کی جاتی ہے، کو "بے ضرر" سمجھتے ہیں۔ امریکہ کے "نیشنل انسٹی ٹیوٹ ان ڈرگ ابیوز" کی برس ہا برس کی جانے والی تحقیق ان کی "تسلی" کی تردید کرتی ہے۔ پتہ چلا ہے کہ چرس کے عام طور پر دو منفی اثرات ہوتے ہیں۔ ایک تو نیم مدہوشی کی کیفیت جو عام طور پر نئے استعمال کرنے والوں پر طاری ہوتی ہے اور کئی گھنٹوں تک طویل ہو سکتی ہے۔ دوسرا منفی اثر شدید ذہنی تناؤ اور بے چینی کی کیفیت ہے جو چرس کی بھاری مقدار استعمال کرنے سے ہو سکتی ہے۔ مسکن آور ادویات کے منفی استعمال سے بے خوابی، بے چینی، طبیعت کے متلانے کے علاوہ بعض اوقات مرگی کے دورے بھی پڑنے شروع ہو جاتے ہیں۔ اگر اس پر قابو نہ پایا جائے تو اس سے جان بھی جا سکتی ہے۔

یہ ادویات پہلے تو جسم کے اعصابی نظام کو مفلوج کرتی ہیں اور پھر جسم کے اندرونی اعضا کو متاثر کرنا شروع کر دیتی ہیں۔ جب عادی شخص اس کی خوراک بڑھاتا جاتا ہے تو اس کا نظامِ تنفس متاثر ہونے لگتا ہے یہاں تک کہ اُس کی موت واقع ہو جاتی ہے۔ ہمارے معاشرے میں تحریک دینے والی ادویات (Stimulants) کو بھی نشے کے طور پر استعمال کیا جاتا ہے۔ اس میں کوکین اور Amphetamines شامل ہیں۔ اس کا باقاعدہ یا

ضرورت سے زیادہ استعمال فشارِ خون اور دل کی دھڑکن کو بڑھا دیتا ہے۔ ایسی ادویات کا عادی مریض متشدد اور غصیلا ہو جاتا ہے۔ ایسے شخص کی انتڑیوں میں زخم ہو جاتے ہیں اور خون کی شریانیں سکڑ جاتی ہیں۔ افیون بھی مسکن آور اجزا رکھتی ہے اور اس کے استعمال سے ایک مخصوص نشہ ہو جاتا ہے۔ اسے استعمال کرنے والا شخص خود کو گہرے سکون میں ڈوبتا محسوس کرتا ہے۔

چونکہ جسم بہت جلد افیون کا عادی ہو جاتا ہے اور پھر استعمال کرنے والے شخص کو اس کا لطف نہیں آتا، اس لیے اُسے اس کی خوراک بڑھانا پڑتی ہے۔ اس سے بھی سانس رک جاتا ہے کہ موت واقع ہو جاتی ہے۔ پاکستان میں ہیروئین کو بھی سموک کیا جاتا ہے۔ اس کا استعمال بھی افیون کی طرح تیزی سے بڑھانا پڑتا ہے، اس لیے یہ انتہائی خطرناک ہے۔ موت سے پہلے بھی اس کا مریض شدید قبض، بھوک غائب ہونا اور جسمانی کمزوری کا شکار رہتا ہے۔ آخری خوراک لینے کے چند گھنٹے بعد اس کی شدید علامات ظاہر ہوتی ہیں، چنانچہ اُسے پھر ایک اور خوراک لینا پڑتی ہے۔

ضرورت اس امر کی ہے کہ سکولوں میں منشیات کے مضر اثرات پر مضامین پڑھائے جائیں۔ الیکٹرانک میڈیا، جس کا اثر آج کل بہت گہرا ہے، کے ذریعے عوام کو اس کے بارے میں ایجوکیٹ کیا جائے۔ نوجوان طلبہ کو بتایا جائے کہ ڈرگ مافیا اُنہیں کس طرح اپنے جال میں پھنسا سکتا ہے۔ یہ بات بھی سمجھنے کی ہے کہ خاندان میں تناؤ اور انسیت کی کمی بھی بہت سے بچوں کو منشیات کی تاریک دنیا میں دھکیل سکتی ہے۔ اس وقت تعلیمی اداروں کے سربراہان کے لیے میرے نزدیک سب سے ضروری بات یہی ہے کہ وہ طلبہ کو منشیات سے بچائیں۔ اگر وہ ایسا کریں گے تو ہی اپنے منصب کے ساتھ انصاف کرتے دکھائی دیں گے۔ والدین اور معاشرے کو بھی یہ بات سمجھنی چاہیے کہ نوجوان

بہت جذباتی ہوتے ہیں اور وہ دباؤ اور گھٹن زدہ ماحول برداشت نہیں کرتے۔ وہ اس سے فرار چاہتے ہیں۔ ان کو معاشرے میں مثبت سرگرمیوں میں مشغول رہنے کا موقع ملنا چاہیے ورنہ وہ منفی سرگرمیاں اپنالیں گے۔

***

منشیات۔۔۔خدارا! نئی نسل کو بچایئے

احمد مقصود

اس وقت پوری دنیا میں منشیات کے استعمال کا جو عام رواج چل پڑا ہے جس کی گرفت میں خاص طور پر نوجوان نسل آرہی ہے۔ وہ جس بری طرح سے نشے کی لت میں مبتلا ہورہی ہے اسے دیکھ کر کلیجہ منہ کو آجاتا ہے۔ منشیات کی حوصلہ شکنی کے ضمن میں تمام قانونی اور احتیاطی تدبیروں کے باوجود اس لعنت میں کوئی کمی واقع نہیں ہورہی ہے۔ وجہ یہ ہے کہ منشیات کا دھندا کرنے والے مال و دولت کی ہوس میں اندھے ہوچکے ہیں، اس لئے وہ ڈرک اسمگلنگ کے ذریعے پوری انسانی تہذیب کو تباہی کے دہانے میں لے آئے ہیں۔

اس وقت بازاروں میں منشیات کی متعدد قسمیں رائج ہیں۔ حال ہی میں ہمارے اپنے شہر کے دریا کنارے سے ایک نوجوان کی لاش برآمد ہوئی جس کے طبی معائنہ سے معلوم ہوا کہ نوجوان نشے کی لعنت میں گرفتار تھا اور اخیر پر اسی کی نذر ہوکر رہ گیا۔

شریعت اسلامیہ نے دین وایمان، جان ومال کے ساتھ ساتھ عقل کی سلامتی پر بھی زور دیا ہے۔ منشیات کا استعمال ان تینوں اہم چیزوں کو چھین لیتے ہیں، لہٰذا شریعت اسلامی نے اسے حرام وناجائز قرار دیا ہے۔ المیہ یہ ہے کہ آج اوروں سمیت ہمارے سماج میں نشے کی لعنت بڑھتی ہی جارہی ہے، خاص طور پر اس کی بھینٹ چڑھ رہا ہے۔ نتیجہ یہ کہ کئی

ایک گھرانے تباہی اور بربادی کے دہانے پر ہیں، خاندان بکھر رہے ہیں، اخلاقی بے راہ روی بڑھتی جارہی ہے ، نشے میں دُھت ہوکر لوگ حادثات کا شکار ہورہے ہیں اور دوسروں کے لئے بھی وبال جان بن رہے ہیں۔

مختلف احادیث میں شراب نوشی کی کثرت علاماتِ قیامت کی فہرست میں درج ہے۔افسوس کہ منشیات کا قیامت خیز سلسلہ آج اپنے شباب پر ہے۔ مختلف مشروبات و ماکولات نیز گولیاں پڑیاں انجکشن اور کیپسول اور نہ جانے کن کن شکلوں میں یہ قیامتیں موجود ہیں۔ نشہ بازی کا زہر نوجوانوں کی صحت اور کردار دونوں کو کو تباہ وبرباد کر کے رکھ رہاہے۔ یہ بات سب کے لئے خطرے کا الارم ہے۔ نشے کی روک تھام کے لئے اصلاحی کوشش تھوڑی بہت ہورہی ہیں مگر یہ بہت ناکافی ہے جب کہ مسئلہ بہت آگے چلا گیا ہے۔

اسلام نے منشیات پر سخت بندش لگائی ہے۔پیغمبر اسلام رسول اکرم صلی اللہ علیہ وسلم کے ارشادات اور فرمودات میں منشیات میں مبتلا افراد پر لعنت و قباحت اور وعید کے الفاظ کثرت اور صراحت کے ساتھ ملتے ہیں۔ذیل میں چند احادیث کا اجمالی مفہوم بیان کیا جاتا ہے۔ آپؐ نے فرمایا کہ شراب نوشی ایمان کے نور سے محرومی ہے، شراب نوشی کی عادت شرک کے مماثل عمل ہے، شراب تمام خبائث اور فواحش کی جڑ اور اصل ہے منشیات کے فروغ میں کسی بھی نوعیت کی حصہ داری ملعون حرکت ہے۔

شرع شریف میں دس طریقوں سے شراب کو لعنت قرار دیا گیا ہے: بذات خود شراب، شراب بنانے والا، شراب بنوانے والا، شراب فروخت کرنے والا، شراب خریدنے والا، شراب اُٹھاکر لے جانے والا، جس کی طرف شراب اٹھاکر لے جائی جائے، شراب کی قیمت کھانے والا، شراب پینے والا، اور شراب پلانے والا۔ شراب گمراہی اور خدافراموشی کا سب سے بڑا ذریعہ ہے۔ منشیات کا عادی شخص اپنے آپ کو شیطان کا

مستقل غلام بنا لینے کا گویا حلف اٹھا لیتا ہے۔ نشے کی حالت میں یاد خدایا دعائیں خود سے بھونڈا مذاق ہے۔ مے نوشی خدائے تعالیٰ کی رحمت سے دوری کا سبب ہے۔

ایک حدیث پاک میں تو یہاں تک فرمایا گیا ہے کہ جو شراب کا عادی توبہ کیے بغیر مرجائے گا خدائے تعالیٰ اس کو غوطہ کا پانی پلائیں گے یہ وہ نہر ہے جس میں بدکار عورتوں کی شرم گاہوں کا لہو بہتا ہے۔ شرابیوں میں اس قدر بدبو ہوگی کہ اس سے اہل جہنم بھی پریشان ہو جائیں گے (مسند احمد)۔ مزید فرمایا: خدائے تعالیٰ نے اپنے ذمہ کرلیا ہے کہ جو شخص دنیا میں نشہ آور چیز استعمال کرے اس کو قیامت میں اہل جہنم کی پیپ پلائی جائے گی (ابوداؤد ۲۴۸۰)

قرآن کریم کے علاوہ دیگر آسمانی کتابوں میں بھی شراب کی ممانعت واضح الفاظ میں ملتی ہے۔ چنانچہ " عہد نامہ عتیق " کی کتاب "امثال "میں ذکر ہوا ہے کہ شراب ایک فریبی مشروب ہے، جو شخص بھی اس کے فریب میں آتا ہے یہ اُس انسان کو دیوانہ کر دیتی ہے۔ صاف ہے کہ نشے کی لعنت سے انسان دینی روحانی اخلاقی جسمانی مالی اور معاشرتی ہر لحاظ سے کمزور اور بے ظرف ہو کر رہ جاتا ہے۔

منشیات کا سب سے بڑا ضرر انسان کی صحت اور جسمانی قوت کو پہنچتی ہے۔ طبی تحقیقات سے یہ بات ثابت ہو چکی ہے کہ انسان کا جسم منشیات کی وجہ سے مختلف ہول ناک امراض کا مجموعہ بن جاتا ہے۔ ایک امریکی ڈاکٹر محقق و مصنف کے مطابق امریکہ میں ایڈز کے چالیس فیصد مریض ایسے ہیں جن کو منشیات کے بے محابہ استعمال نے اس مرحلے تک پہنچایا کہ امریکی لوگوں نے خود اپنے ہاتھوں اپنی قبر کھود دی ہے، مذہبی اخلاقیات سے ان کا رشتہ بالکل ختم ہو چکا ہے اور یہ سب کچھ نشے کی لعنت کے عام ہو جانے کا وبال ہے۔ یورپ کے اخلاقی دیوالیہ پن اور بے راہ روی کا اصل سبب اُم الخبائث پر ان کا شب وروز

انحصار ہے۔

منشیات کی لعنت انتہائی پیچیدہ ونفسیاتی امراض کا ذریعہ بھی بنتی ہے، بلکہ یہ امراض نشہ باز کے ساتھ اس کے بیوی بچوں کی زندگی کو بھی اجیرن کر دیتے ہیں۔ منشیات کے مضرات کا ایک پہلو مالی نقصان بھی ہے منشیات کا فروغ امت کی معاشی اور اقتصادی قوت کو ناقابل تلافی نقصان پہنچانے کے مرادف ہے ،نشے کے سماجی نقصانات بھی بڑے تشویش ناک ہوتے ہیں۔

قرآن کریم نے منشیات کے سماجی نقصانات کو بطور خاص بیان فرمایا ہے کہ اس کے ذریعے لوگوں میں باہم دگر بغض وعداوت کے جذبات پیدا ہوتے ہیں، لڑائیاں اور تنازعے شروع ہوتے ہیں، زوجین کے تعلقات بگڑتے ہیں خاندانوں کے رشتوں میں دراڑیں پیدا ہوتی ہیں، گھر برباد ہو جاتے ہیں اور فتنہ وفساد کی آگ سلگتی ہے، وغیرہ وغیرہ۔ مختصر یہ کہ منشیات ہزارہا برائیوں کا سرچشمہ ہیں۔ یہ ابلیس لعین کا ایک آزمودہ ہتھکنڈہ ہیں جو انسان کو فطرت سلیمہ سے ہٹاتا اور اشرف المخلوقات کے درجہ سے گرا کر اسفل السافلین کے درجہ میں پٹخ دیتا ہے، اسے حیوانوں سے بھی بدتر اور کمتر بنا دیتا ہے۔ معاشرہ میں منشیات کی لعنت کے اسباب ومحرکات میں سے چند مندرجہ ذیل نمایاں امور یہ ہیں: ایمانی جذبہ اور خوفِ خدا کی کمی، اخلاقی تعلیم وتربیت کا فقدان، بے کاری اور بڑھتی ہوئی بے روزگاری، یورپ کی اندھی نقالی، نفس پرستانہ بے شعوری۔ نشہ باز نشہ آور گولیوں کو دوائے دل سمجھ کر استعمال کرتے ہیں تاکہ، ذہنی پریشانیوں اور خانگی جھگڑوں سے نجات پائیں مگر ہوتا اس کے برعکس ہے۔

ہمیں اپنے سماج میں منشیات کی وبا کو ختم کرنے اور اپنا دینی تشخص بچانے کے لئے مندرجہ ذیل تدابیر اختیار کرنے کی ضرورت ہے: ایمانی جذبات اور خوف خدا کو بیدار

کرنا، موثر دینی واخلاقی تربیت، قرآنی ودینی تعلیم کا جابجا اہتمام کرنا، بے کاری اور بے دینی کے خاتمے کی تیر بہدف کوششیں کرنا، بری صحبت سے گریز اور اچھی صحبت کا التزام کرنا، شراب نوشی کی سزا کے نفاذ میں ٹھوس اور منصوبہ بند اقدامات کرنا، منشیات مخالف اصلاحی مہمات کو فروغ دینا۔

غرض یہ کہ ایک اَنٹی ڈرگ ہمہ گیر تحریک منشیات کے انسداد کے سلسلے میں ہر سطح برپا کی جائے اور لوگوں کو باخبر کیا جائے کہ منشیات کے کیا کیا برے نتائج ہیں۔ ہمیں سماجی سطح پر ان تمام اسباب وعوامل پر بندش لگانی چاہیۓ جو منشیات کے فروغ میں معاون ہو سکتے ہیں۔ اگر ایک طرف شراب نوشی سے منع کیا جائے گا اور دوسری طرف شراب کی دوکانیں آسانی کے ساتھ کھلی رہیں، تو اس تضاد کا نتیجہ سماجی بگاڑ کے سوا اور کیا ہوگا؟ جب تک منشیات کے خلاف منظم مہم چھیڑ کر ہوٹلوں دوکانوں اور سماجی تقریبات وغیرہ سے منشیات کا بالکل خاتمہ نہیں کیا جاتا، انسانی سماج کی تقدیر نہیں بدل سکتی۔

لہٰذا ضرورت اس بات کی ہے کہ منشیات مخالف پروگرام قریہ قریہ بستی نگر نگر منعقد کر کے عوام الناس کو بطریق احسن نشہ بازی کے نقصانات کو سمجھایا بجھایا جائے اور انہیں ان سے بچنے کی ترغیب خلوص دل سے دی جائے۔ حکومت کی بھی اہم ذمہ داری ہے کہ شراب سے لے کر گھٹکے، سگریٹ، بیڑی وغیرہ پر مکمل طور پر پابندی عائد کرے۔ سرکاری سطح پر ذرائع ابلاغ کی وساطت سے بھی منشیات سے پیدا ہونے والے کینسر جیسی مہلک بیماریوں کی بڑے پیمانے پر جان کاری دی جائے تاکہ قوم کے بچے بچے کی زبان پر اس کا تذکرہ ہو، پرنٹ اور الیکٹرانک میڈیا کو بھی منشیات کے خساروں سے قوم کو بچانے کے لئے اپنا مطلوب کردار نبھانا ہوگا۔ منشیات فروشوں کو دی گئیں سزاؤں کو شہ سرخیوں میں ساتھ شائع کیا جانا چاہیے تاکہ دوسرے عبرت پکڑیں۔

نشہ بازی کے منفی پہلوؤں کو خوب اجاگر کیا جائے، دینی سماجی اور سیاسی تنظیمیں بھی اس ناسور کے خاتمے کے لئے اپنا رول ادا کرنے میں ہر اول دستے کا کام دے سکتی ہیں۔ عاجزانہ دعا ہے کہ خدائے تعالیٰ اُمت کو صحیح سمجھ عطا فرمائے اور منشیات کی مہلک عادت میں مبتلا لوگوں کو اس سے بچنے اور دوسروں کو بھی بچانے کی توفیق بخشے اور جو بھی کوئی بندۂ خدا اس لعنت میں گرفتار ہو کر اسے اس راہِ تخریب سے واپس اصلاح کی پٹری پر آنا نصیب فرمائے۔ آمین

***

نوجوانوں میں منشیات کا رجحان، سد باب کیسے ممکن ہے؟

آمنہ سویرا

کسی بھی مہذب معاشرے میں منشیات کے استعمال اور ان کے اثرات کو اچھا نہیں سمجھا جاتا اور حکومتیں اس لعنت کے سدباب کے لیے کثیر سرمایہ صرف کرتی ہیں۔

لیکن دوسری جانب اس طرف توجہ نسبتاً کم ہے کہ وہ کیا وجوہات ہیں، جن کی بنا پر منشیات کا استعمال کم ہونے کے بجائے بتدریج بڑھتا ہی چلا جا رہا ہے۔ بلکہ منشیات کی نت نئی اقسام بھی متعارف ہونے لگی ہیں۔

چند روز پہلے سوشل میڈیا پر ایک اشتہار دکھائی دیا، جس میں ٹی شرٹس پر مختلف قسم کے کسی حد تک بولڈ فقرے درج تھے۔

بولڈ اور بے جھجک ہونے میں کوئی برائی نہیں لیکن جس چیز نے میری توجہ کھینچی، وہ منشیات کے استعمال اور اثرات کے متعلق بہ ظاہر مزاحیہ جملے تھے۔

ٹی شرٹس بیچنے والی یہ فرم یا آن لائن دوکان اپنے کاروبار کو بڑھانے کے لیے نوجوانوں کی توجہ لینے کی کوشش میں شاید نادانستہ طور پر ایسے فقروں اور نعروں کی ترویج کر رہے ہیں، جن میں منشیات کے استعمال کو بڑھاوا ملنے کا امکان ہو سکتا ہے۔

جدید ادب، شاعری اور فلموں میں منشیات کے استعمال کو ایک ایسے طریقے سے بڑھاوا دیا جاتا ہے کہ نوجوان اس کا اثر لینے لگتے ہیں۔ اور غیر محسوس طور پر یہ بات ان

کے ناپختہ اذہان میں بیٹھ رہی ہے کہ منشیات کا استعمال ذہین، دانشوروں اور مفکروں کا وطیرہ ہے۔

ماہرین کے نزدیک نشے کی عادت کا تعلق اس ماحول سے ہے جس میں کوئی انسان پرورش پاتا ہے۔ ان مادوں کا اولین استعمال دوستوں یاروں کی محفل سے شروع ہوتا ہے اور جلد ہی دماغ ان کے اثرات کا عادی ہو جاتا ہے۔ اور جسم کے لیے اسے ضروری قرار دے دیتا ہے۔

جب نشہ میسر نہ آئے تو دماغ توازن برقرار نہیں رکھ پاتا، تاوقتیکہ اسے نشہ میسر نہ ہو جائے۔

محققین کے نزدیک منشیات سے انسانی جسم میں ایک دائمی خرابی پیدا ہو جاتی ہے، جو نشہ چھوڑنے کی کوشش میں رکاوٹ کھڑی کرتے ہوئے اس کی طلب کو برقرار رکھتی ہے۔

انسان اپنے دنیاوی دکھوں اور مسائل سے فرار ہوتے ہوئے سرمست رہنا چاہتا ہے۔ ایسے میں نشہ ہی ایک ایسی راہ فرار ہے، جس سے وقتی طور پر سب پریشانیوں سے نجات مل جاتی ہے۔ منشیات میں سب سے قدیم شے شراب ہے، جس کا ذکر مختلف آسمانی کتابوں میں بھی آیا ہے۔ تمام قدیم تہذیبوں میں شراب کو ایک خاص اہمیت حاصل تھی۔

لیکن وقت گزرنے کے ساتھ ساتھ نوجوان بطور فیشن شراب، چرس اور کوکین وغیرہ کا استعمال کر رہے ہیں۔ بڑے شہروں میں آئس، کرسٹل اور نت نئے نشوں کا استعمال لڑکے لڑکیوں دونوں میں بڑھ رہا ہے۔

پاکستان میں ایک محتاط اندازے کے مطابق، اس وقت منشیات استعمال کرنے والے افراد کی تعداد ۷۰ لاکھ کے قریب ہے، جن میں اکثریت نوجوانوں کی ہے۔

آئے روز اخبارات اور میڈیا کے دیگر ذرائع میں رپورٹ ہوتا ہے کہ تعلیمی اداروں میں منشیات کا رجحان بڑھ رہا ہے۔ یاد رہے کہ اس رجحان میں کسی صنف کی بھی تخصیص نہیں ہے۔

ایک رپورٹ کے مطابق، پاکستان میں ہیروئین کا سالانہ استعمال امریکہ کی نسبت تین گنا سے بھی زیادہ ہے۔ منشیات کے باعث ہونے والی سالانہ اموات کی تعداد بھی ۷۰۰ سے تجاوز کر چکی ہے۔

یعنی ملک میں روزانہ دو افراد نشے کے باعث موت کا شکار ہوتے ہیں۔ نشے کے باعث ہونے والی اموات کی یہ تعداد ٹریفک حادثات کے بعد سب سے زیادہ ہے۔

شیشہ پینا اب مخلوط محفلوں میں فیشن بن چکا ہے۔ لڑکیوں میں بھی شیشے کا رجحان بہت بڑھ چکا ہے۔ گو کہ حکومت نے اس پہ پابندی لگا رکھی ہے، مگر یہ سب ایک عام سی پان، سگریٹ کی دکان سے بھی اب با آسانی دست یاب ہو جاتا ہے۔ جس کی دسترس جہاں تک ہے، وہ اس حساب سے منشیات کا استعمال کرتا ہے۔ متوسط طبقے کے نوجوان اگر فارماسوٹیکل ڈرگز پر انحصار کرنے لگے ہیں، جن میں مختلف قسم کی ادویات کو بہ طور نشہ استعمال کیا جاتا ہے تو بالائی طبقے کے افراد میں کرسٹل، ہیروئین اور کوکین کے ساتھ کیمیکل ڈرگز کا استعمال دیکھنے کو ملتا ہے۔

تعلیمی اداروں میں جہاں اس ملک کے مستقبل کے معمار تیار ہوتے ہیں، وہاں منشیات نے ڈیرے ڈال رکھے ہیں۔ پوری دنیا میں اس بات پہ زور دیا جاتا ہے کہ نوجوان نسل کو منشیات سے دور رکھا جائے کیوں کہ اس سے ان کی قدرتی صلاحیت متاثر ہوتی ہے۔

نئی نسل معاشرتی رد عمل اور درست رہنمائی نہ ملنے کی وجہ سے نشے کو اپنا رہی ہے۔

جب تک منشیات کے بڑھنے کے اسباب و محرکات کو ختم نہیں کیا جاتا، تب تک اس کے خاتمے کے بارے میں سوچا بھی نہیں جاسکتا۔

نوجوانوں میں منشیات کو کم کرنے کے لیے سول سوسائٹی، والدین، اساتذہ اور حکومت کو مل کر اپنا اپنا کردار ادا کرنا ہوگا تاکہ مل جل کر آنے والے کل کے مستقبل کو محفوظ بنایا جاسکے۔

٭٭٭

منشیات کا بڑھتا ہوا رواج

مولانا محمد اسجد قاسمی ندوی

اسلامی شریعت کے احکام بنیادی طور پر جن پانچ مقاصد پر مبنی ہیں ان میں دین، جان، نسل اور مال کی حفاظت کے ساتھ عقل کی حفاظت بھی شامل ہے، عقل اور فکر و نظر کی قوت کو باقی اور توانا رکھنا اور اسے ہمہ نوعی نقص و خلل سے محفوظ رکھنا اسلام کے اساسی مقاصد میں سے ہے۔ شراب، منشیات اور نشہ آور چیزوں کے استعمال کو شریعت اسلام میں حرام، ناپاک اور مہلک اس لئے بتایا گیا ہے کہ اس کے ذریعہ انسان انسانیت کے جامے سے باہر آجاتا ہے اور پھر وہ سب کچھ کر گذرتا ہے جس سے انسانیت اور شرافت شرم سار ہوجائیں، ہمارے موجودہ سماج میں منشیات کا استعمال تیزی سے بڑھتا جارہا ہے اور خاص طور پر نوجوانوں کا طبقہ اس لت میں بری طرح مبتلا ہوتا جارہا ہے، صورت حال اس قدر تشویش ناک ہے کہ ہزارہا ہزار گھر تباہی کے دہانے پر ہیں، خاندان بکھر رہے ہیں، طلاق کی شرح بڑھتی جارہی ہے، اخلاقی بے راہ روی عام ہوگئی ہے، اور امت کے مستقبل کے معمار جوان اپنا سب کچھ داؤں پر لگاتے جارہے ہیں اور انہیں اپنے طرز عمل کی ہولناکی اور سنگینی کا احساس تک نہیں ہے۔

تمام میڈیکل تحقیقات شراب اور دیگر منشیات کے ضرر رساں اور ہول ناک نتائج و اثرات پر متفق ہوچکی ہیں، سماج میں آدھے سے زیادہ جرائم شراب کے استعمال کے نتیجے

میں ہوتے ہیں، اسی لئے اسلام نے جو بہ ہمہ وجوہ فطرت سلیمہ سے ہم آہنگ ہے، شراب پر بندش لگائی ہے، چوں کہ اس وقت کا عرب معاشرہ شراب نوشی میں آخری حد تک غرق تھا، اس لئے قرآن کریم میں بتدریج کئی مرحلوں میں شراب کو حرام قطعی قرار دیا گیا ہے۔

"پہلے مرحلے میں شراب و نشہ کو اشارۃً خراب اور قبیح چیز (رزق غیر حسن) بتایا گیا۔" (النحل / ٦٧)

" دوسرے مرحلے میں شراب ونشہ میں بڑی خرابی (اثم کبیر) کا ذکر کر کے اس کے نقصانات کی کثرت کو بیان کیا گیا اور ناپسندیدگی کا اظہار کیا گیا۔" (البقرۃ / ٢١٩)

"تیسرے مرحلے میں نشے کی حالت میں نماز نہ پڑھنے کا حکم آیا۔" (النساء / ٤٣)

مے نوشی کے مضر اثرات ان تین مرحلوں کے ذریعہ دلوں میں راسخ کئے جانے کے بعد قرآن نے اگلے مرحلے میں اسے قطعی طور پر حرام قرار دے دیا اور صاف فرما دیا:

یٰٓاَیُّھَا الَّذِیْنَ اٰمَنُوْٓا اِنَّمَا الْخَمْرُ وَالْمَیْسِرُ وَالْاَنْصَابُ وَالْاَزْلَامُ رِجْسٌ مِّنْ عَمَلِ الشَّیْطٰنِ فَاجْتَنِبُوْهُ لَعَلَّكُمْ تُفْلِحُوْنَ ۝٩٠ اِنَّمَا یُرِیْدُ الشَّیْطٰنُ اَنْ یُّوْقِعَ بَیْنَكُمُ الْعَدَاوَةَ وَالْبَغْضَآءَ فِی الْخَمْرِ وَالْمَیْسِرِ وَیَصُدَّكُمْ عَنْ ذِكْرِ اللّٰهِ وَعَنِ الصَّلٰوةِ ۚ فَهَلْ اَنْتُمْ مُّنْتَهُوْنَ ۝٩١ وَاَطِیْعُوا اللّٰهَ وَاَطِیْعُوا الرَّسُوْلَ وَاحْذَرُوْا ۚ فَاِنْ تَوَلَّیْتُمْ فَاعْلَمُوْٓا اَنَّمَا عَلٰی رَسُوْلِنَا الْبَلٰغُ الْمُبِیْنُ ۝٩٢

"اے ایمان والو! شراب، جوا، مورتیاں اور جوئے کے تیر یہ سب ناپاک شیطانی کام ہیں، لہٰذا ان سے بچو، تاکہ تمہیں فلاح حاصل ہو، شیطان تو یہی چاہتا ہے کہ شراب اور جوئے کے ذریعہ تمہارے درمیان دشمنی اور بغض کے بیج ڈال دے، اور تمہیں اللہ کی یاد

اور نماز سے روک دے، اب بتاؤ کہ کیا تم ان چیزوں سے باز آجاؤ گے ؟ اور اللہ کی اطاعت کرو، اور رسول کا کہنا مانو اور نافرمانی سے بچتے رہو، اور اگر تم اس حکم سے منہ موڑو گے تو جان رکھو کہ ہمارے رسول پر صرف یہ ذمہ داری ہے کہ وہ صاف صاف طریقے سے اللہ کے حکم کی تبلیغ کر دیں۔"

ان آیات میں انتہائی حکیمانہ اور قطعی انداز میں مختلف الفاظ واسالیب کے ذریعہ شراب کی حرمت اور شناعت وقباحت آشکارا فرمائی گئی ہے۔

(۱) شراب کی حرمت کو بت پرستی کے ساتھ ذکر فرمایا گیا، گویا یہ برائی شرک کے مماثل ہے، چنانچہ ایک حدیث میں فرمایا گیا:

"شراب کا عادی مجرم بت پرست کی مانند ہے۔"

(۲) اسے نجاست و پلیدی قرار دیا گیا۔(۳) اسے شیطانی عمل بتایا گیا۔(۴) اس سے بالکلیہ اجتناب ضروری قرار دیا گیا۔(۵) اس سے اجتناب کو فلاح کا ذریعہ بتایا گیا۔(٦) اس کی حرمت کا سبب واضح کیا گیا کہ اس سے باہم عداوت و نفرت پیدا ہوتی ہے۔

(۷) واضح کیا گیا کہ نشے کا عادی بنا کر شیطان تم کو اللہ کی یاد اور نماز سے غافل کرتا ہے۔

(۸) اللہ نے زجر و توبیخ کے انداز میں فرمایا ہے کہ جب شراب کی لعنت اتنی خرابیوں کا مجموعہ ہے تو کیا پھر بھی تم اس سے باز نہیں آؤ گے ؟

(۹) اللہ ورسول کی اطاعت فرض ہے اور اس کا تقاضا شراب و نشہ سے مکمل گریز ہے۔

(۱۰) سختی سے فرمادیا گیا کہ یہ حکم الٰہی ہے، اس سے اعراض کرو گے تو نتیجے کے ذمہ

دار خود ہوگے، رسول کے ذمے حق پہونچانا ہے، وہ پہونچا چکے، ماننا تمہارے ذمے ہے، نہیں مانوگے تو خود نقصان اٹھاؤ گے۔

جب شراب کی حرمت کا یہ قطعی حکم شریعت کی طرف سے آیا تھا تو یک لخت تمام صحابہ نے شراب چھوڑدی تھی، مدینہ کی گلیوں میں شراب کے مٹکے توڑ دیئے گئے، سڑکوں پر شراب بہادی گئی، چونکہ ان آیات میں بیداری ضمیر کے لئے اور فطرت انسانی کو سلامت رکھنے کیلئے امتحاناً یہ سوال بھی اللہ نے کیا ہے کہ کیا اب بھی تم اتنی بری اور ناپاک شیطانی لعنت سے باز نہیں آؤ گے؟ روایات میں آتا ہے کہ حضرت عمر بن خطابؓ نے یہ سن کر فرمایا تھا کہ: اے پروردگار: ہم باز آگئے، اب ہم کبھی شراب کے قریب بھی نہیں جائیں گے۔

احادیث کی صراحت

حضور اکرم صلی اللہ علیہ وسلم کے ارشادات و فرمودات میں شراب، نشہ اور منشیات میں مشغول افراد کے لئے لعنت اور قباحت اور وعید کے الفاظ کثرت و صراحت کے ساتھ ملتے ہیں، ذیل میں چند احادیث ذکر کی جاتی ہیں:

شراب نوشی ایمان کے نور سے محرومی ہے

ارشاد نبوی ہے:

"شرابی شراب پیتے وقت مومن نہیں رہتا۔"

چنانچہ جو شخص شراب کو جائز سمجھ کر پیتا ہے وہ واقعی ایمان سے خارج ہو جاتا ہے، اور جو حرام سمجھتا ہے پھر بھی پیتا ہے وہ ایمان کے کمال سے محروم ہو جاتا ہے، اور من جانب اللہ نور ایمان اس سے سلب کر لیا جاتا ہے، جس کا نتیجہ یہ ہوتا ہے کہ طاعات سے اس کی طبیعت اچاٹ اور معاصی کی طرف راغب ہو جاتی ہے، پھر اس کا تعارف صاحب

ایمان اور نیک انسانوں کے بجائے مے نوش اور شرابی کے لقب سے ہونے لگتا ہے، اور پھر اگر مے نوشی کی یہ عادت لت بن جائے تو انجام کار ایمان ویقین سے محرومی کا ذریعہ ہو جاتی ہے، انہیں تمام حقائق کو زبان نبوت میں اس بلیغ، جامع اور مختصر تعبیر میں بیان کر دیا گیا ہے کہ مے نوش حالت مے نوشی میں مومن نہیں رہتا۔

شراب تمام فواحش اور خبائث کی جڑ اور اصل ہے

ارشاد نبوی ہے:

"شراب مت پیو، اس لئے کہ وہ شر کی کنجی ہے۔"

حضرت عثمان غنیؓ کا ارشاد ہے:

"شراب سے بچو، وہ ہر گناہ کی جڑ ہے، پچھلی امتوں میں ایک عبادت گزار آدمی تھا جو عورتوں سے بالکل الگ رہتا تھا، ایک بدکار عورت اس کے پیچھے لگ گئی، اور اس نے اپنی باندی کو اس کے پاس بھیجا اور کہلوایا کہ ایک معاملہ میں گواہی کے لئے آپ کی ضرورت ہے، اور اس بہانے سے اس شریف آدمی کو گھر کے اندر لے گئی، دروازہ بند کر دیا، وہ عورت خود بے انتہا خوبصورت تھی، اس کمرے میں شراب کا مٹکا بھی تھا، اور ایک کم سن بچہ بھی تھا، عورت نے اس عابد سے کہا کہ اگر تم نجات اور رسوائی سے بچاؤ چاہتے ہو تو تین کاموں میں سے ایک کام کرنا ہوگا: (۱) یا تو شراب کا جام پیو (۲) یا اس بچے کو قتل کرو (۳) یا زنا کرو، اس عابد نے زنا اور قتل کو زیادہ سنگین اور شراب کو نسبتہً کم خطرناک سمجھ کر شراب پینا منظور کر لیا، شراب کا ایک جام پی کر ایسا مست ہوا کہ پھر جام پر جام پیتا چلا گیا، اور نشہ اس قدر چھا گیا کہ پھر بچے کو بھی قتل کیا اور زنا بھی کیا، شراب کی عادت انسان کو اسی طرح رسوا کرتی ہے اور بسا اوقات ایمان سے بھی محروم کر دیتی ہے۔"

معلوم ہوا کہ شراب اور نشے کی لعنت بدکاری کا زینہ ہے، موجودہ دور میں حرام

کاری اور بے راہ روی کا ایک مؤثر ذریعہ شراب نوشی اور نشہ آور چیزوں کے استعمال کا بڑھتا ہوا رجحان ہے، شراب نوشی ایک متعدی جرم ہے، یہ دوسرے بے شمار جرائم کا سبب بنتی ہے، یہ انسان کی عائلی زندگی کو ملیامیٹ کرڈالنے والی چیز بھی ہے، شراب کے رسیا افراد کی ازدواجی زندگی جہنم بن جاتی ہے، ایسے لوگ خود بھی جنسی بے راہ روی میں مبتلا ہوتے ہیں، بسا اوقات ان کے اہل و عیال بھی اسی راہ پر چل پڑتے ہیں اسی لئے شریعت نے اسے ام الخبائث (تمام برائیوں کی جڑ اور اصل) قرار دیا ہے، ایک حدیث میں الفاظ ہیں:

"شراب تمام بے حیائیوں کی اصل اور بڑے گناہوں میں بدترین گناہ ہے، اور جس نے اسے پیا، ممکن ہے کہ وہ اپنی ماں، خالہ اور چچی کے ساتھ بری حرکت کر بیٹھے۔"

واقعہ یہی ہے کہ شراب کا نشہ انسان کو عقل سے اس طرح محروم کر دیتا ہے کہ اس میں خیر و شر، اچھے برے، حتی کی بیوی اور بہن تک میں امتیاز کی صلاحیت باقی نہیں رہ جاتی۔

منشیات کے فروغ میں کسی بھی نوع کی حصہ داری ملعون حرکت ہے

حضور اکرم صلی اللہ علیہ وسلم نے صرف شراب کو حرام اور نجس قرار دینے پر اکتفا نہیں فرمائی ہے، بلکہ اس سے کسی بھی نوع کا تعلق رکھنے اور اس کے فروغ و اشاعت میں کسی بھی طرح کی شرکت کو قابل لعنت جرم قرار دیا ہے، امام ابن ماجہ نے مستقل باب ذکر فرمایا ہے۔

اور یہ حدیث ذکر کی ہے:

"دس طریقوں سے شراب کو ملعون قرار دیا گیا ہے: (۱) بذات خود شراب (۲) شراب بنانے والا (۳) شراب بنوانے والا (۴) شراب فروخت کرنے والا (۵) شراب

خریدنے والا (٦) شراب اٹھاکر لے جانے والا (٧) جس کی طرف اٹھاکر شراب لے جائی جائے (٨) شراب کی قیمت کھانے والا (٩) شراب پینے والا (١٠) شراب پلانے والا۔" چنانچہ شراب نوشی، اس کی خرید و فروخت، شراب کے کارخانے میں کسی بھی طرح کا عمل سب حرام قرار دے دیا گیا ہے، اور حرمت کے ساتھ شراب کی ناپاکی اور جسم یا لباس پر لگ جانے کی صورت میں ان کا دھونا ضروری ہونا بھی متفق علیہ مسئلہ ہے، بلکہ روایات میں یہاں تک آیا ہے:

"جو شخص اللہ اور یوم آخرت پر ایمان رکھتا ہو وہ ہرگز ایسے دستر خوان پر نہ بیٹھے جہاں شراب کا دور چل رہا ہو۔"

اس حدیث پاک پر غور فرمایا جائے کہ زبان نبوت سے کس طرح شراب کے تعلق سے نفرت اور کراہیت کی تخم ریزی اہل ایمان کے ذھنوں میں کی جارہی ہے، اور ایسے ہوٹلوں، مقامات، پروگراموں اور تقریبات میں حصہ لینے پر بندش لگائی جارہی ہے جہاں شراب علانیہ طور پر پلائی جاتی ہے اوراس کا دور چلتا ہے، اس ارشاد نبوی کی معنویت معاصر حالات میں ہر عام و خاص کے سامنے بہت نمایاں ہو کر آگئی ہے کہ فضائی سفر ہو یا زمینی، تقریبات ہوں یا پروگرام، شراب اوراس کے متعلقات کی لعنت ہر طرف نظر آتی ہے۔

شراب گمراہی کا بڑا ذریعہ ہے

روایات میں وارد ہوا ہے کہ شب معراج میں آپ صلی اللہ علیہ وسلم کی خدمت میں دو پیالے لائے گئے، ایک شراب کا، دوسرا دودھ کا، آپ صلی اللہ علیہ وسلم نے دودھ کا پیالہ لے لیا، اس پر حضرت جبریل نے فرمایا:

"اللہ کا شکر ہے کہ آپ نے فطرت کو اختیار کیا، اگر آپ شراب کا پیالہ لے لیتے تو

آپ کی امت گمراہ ہو جاتی۔"

اس سے واضح ہوتا ہے کہ شراب خلاف فطرت چیز ہے، اور اس راستے سے گمراہی بہت جلد اپنی جگہ بناتی ہے۔

شراب نوشی کی ہولناک اخروی سزائیں

احادیث میں جابجا شراب نوشی کی بدترین اخروی سزاؤں کا ذکر آیا ہے، ایک حدیث میں تو یہاں تک فرمایا گیا:

"جو شراب کا عادی توبہ کئے بغیر مر جائے گا، اللہ اس کو غوطہ کا پانی پلائے گا، یہ وہ نہر جس میں بدکار عورتوں کی شرمگاہوں کا لہو بہتا ہے، شرابیوں میں اس قدر بدبو ہو گی کہ اس سے اہل جہنم بھی پریشان ہو جائیں گے۔"

مزید فرمایا گیا کہ اللہ نے اپنے ذمہ ضروری کر لیا ہے کہ جو شخص دنیا میں نشہ آور چیز استعمال کرے، اس کو قیامت میں اہل جہنم کی پیپ پلائی جائے گی۔ (ابو داؤد)

ارشاد نبوی ہے:

"شراب کا عادی مجرم جنت میں (بغیر سزا بھگتے) داخل نہیں ہو سکے گا۔"

اور

"جو دنیا میں شراب نوشی کرے گا، اور توبہ نہیں کرے گا، وہ آخرت کی شراب طہور سے محروم رہے گا۔"

نشہ آور چیزوں کے استعمال کے ساتھ نمازیں قبول نہیں ہوتیں

حضرت عبد اللہ بن عمروؓ آپ صلی اللہ علیہ وسلم سے روایت کرتے ہیں:

"جس نے شراب پی اور نشہ آیا، اس کی چالیس دن کی نمازیں قبول نہیں ہوتیں، اگر اسی حال میں مر جائے تو جہنم میں جائے گا اور اگر توبہ کر لے تو اللہ معاف کر دے گا،

اگر دوبارہ پیئے اور نشہ آجائے تو پھر چالیس دنوں کی نمازیں قبول نہیں ہوں گی اور توبہ کے بغیر موت آئی تو جہنم میں جائے گا،ہاں اگر توبہ کرے گا تو اللہ توبہ قبول فرمالے گا، پھر اگر سہ بارہ پیئے اور نشہ آجائے تو اللہ چالیس دنوں کی نمازیں قبول نہیں فرمائے گا،اگر اسی حال میں مرے گا تو جہنمی ہو گا، اور اگر توبہ کرے گا تو اللہ رحم فرمائے گا،اور اگر پھر یہ حرکت کی تو اللہ لازمی طور پر اس کو دوزخیوں کے جسم سے نکلنے والا لہو اور پیپ پلا کر رہے گا۔"

شراب اور منشیات کے مضر اثرات

شراب اور نشے کی لعنت انسان کو چو طرفہ نقصانات سے دوچار کرتی ہے اور تباہ و برباد کرڈالتی ہیں، اس لعنت کے منحوس اثرات اور مضرات بے انتہا ہیں، ذیل میں چند کا ذکر کیا جاتا ہے:

جسمانی نقصانات

میڈیکل سائنس باتفاق رائے یہ طے کر چکی ہے کہ شراب و نشہ ایک سست رفتار زہر ہے، اور اس سے انسان کا بدن کھوکھلا ہوتا چلا جاتا ہے اور تیزی سے انسان کے قدم موت کی طرف بڑھتے چلے جاتے ہیں، منشیات کا سب سے بڑا ضرر انسان کی صحت اور جسم و قوت کو پہونچتا ہے، واضح رہنا چاہیے کہ انسان کی زندگی، صحت، جسم اور طاقت اس کی اپنی ملکیت نہیں، بلکہ اس کے پاس اللہ کی امانت ہیں، اس امانت میں خیانت کسی بھی صورت جائز نہیں ہے۔

احادیث میں بار بار اس حقیقت کو بیان فرمایا گیا ہے کہ اسلام میں نہ اس کی اجازت ہے کہ انسان خود اپنی ذات کو نقصان پہنچائے اور نہ اس کی اجازت ہے کہ دوسروں کو نقصان پہنچائے، اب غور کیا جائے کہ شراب و منشیات اور اس سے متعلق تمام چیزوں کا

استعمال صرف اپنی صحت وذات کو نقصان پہنچانے، اپنی طاقت کو ختم کرنے، اللہ کی امانت کو ضائع کرنے، امانت میں خیانت کا مرتکب ہونے، اور اپنی قبر آپ کھودنے اور اپنے کو موت کے منہ میں لے جانے کے سوا کیا ہے؟ طبی تحقیقات سے یہ بات ثابت ہو چکی ہے اور تجربات و مشاہدات اس پر شاہد ہیں کہ انسان کا جسم شراب ونشے کی وجہ سے مختلف ہولناک امراض کا مجموعہ بن جاتا ہے، یورپ کے ڈاکٹروں کے ایک پینل نے ۱۰۰/ ایسے بڑے اور مہلک امراض کی نشاندہی کی ہے جو نشے کی لت کی وجہ سے عام ہوتے جارہے ہیں، جن میں دل ودماغ اور اعصابی ونفسیاتی امراض کے ساتھ کینسر اور ایڈز کے امراض بالکل نمایاں ہیں، ایک امریکی ڈاکٹر جو محقق ومصنف بھی ہے لکھتا ہے کہ:

امریکا میں ایڈز کے چالیس فیصد مریض وہ ہیں جن کو منشیات کے بے محابا استعمال نے اس اسٹیج تک پہنچایا ہے، امریکی لوگوں نے خود اپنے ہاتھوں اپنی قبر کھودی ہے، مذہبی اخلاقیات سے ان کا رشتہ بالکل ختم ہو چکا ہے، اور یہ سب کچھ نشے کی لعنت عام ہو جانے کا وبال ہے، یورپ کے اخلاقی دیوالیہ پن اور بے راہ روی کا اصل سبب یہی ہے۔ (المخدرات مدمرات: دعائض قرنی / ۱۲) دل کے امراض بطور خاص بلڈ پریشر کا متاثر ہو جانا، دوران خون کا نظام خراب ہو جانا، گردوں اور جگر کی خرابی، نظام ہضم کا بگاڑ اور معدہ کی متنوع بیماریاں، بالعموم گلے کے کینسر کا عارضہ، درد سر اور بینائی کی خرابی کا مرض، قوت حافظہ کا خراب ہو جانا، رعشہ کا مرض، تمام اعصاب کا متاثر ہونا، تنفس کا عارضہ لاحق ہونا، دماغی امراض (مثلاً نسیان، دوران سر، جنون، نیند نہ آنا، مرگی، قوت فیصلہ سے محرومی وغیرہ) جلدی وجنسی امراض یہ تمام عوارض طبی تحقیقات کے مطابق منشیات کے استعمال کی وجہ سے بکثرت لاحق ہوتے ہیں، غور کیا جائے کہ ان امراض میں مبتلا انسان کے جسم کا مدافعتی نظام کس درجہ متاثر ہوگا اور وہ چند ہی دنوں میں کس طرح ہڈی کا ڈھانچہ بن کر

رہ جائے گا۔

آج کل جوانوں کی موت کے جو واقعات بکثرت پیش آتے ہیں ان کا اہم اور بنیادی سبب نشہ کی یہی لعنت ہے، ٹریفک حادثات بھی دوسرے درجے میں اس کا سبب ہیں، لیکن سروے کیا جائے تو آدھے سے زائد ٹریفک حادثات بھی نشہ باز ڈرائیوروں کی وجہ سے پیش آتے ہیں۔ منشیات کی لعنت انتہائی پیچیدہ نفسیاتی امراض کا ذریعہ بھی بنتی ہے، اور یہ امراض نشہ باز کے ساتھ اس کے اہل خانہ (بیوی، بچوں) کی زندگی اجیرن کر دیتے ہیں، بلکہ مشاہدے میں یہ بات آتی ہے کہ شراب کے یہ مضر اثرات متعدی ہو کر شرابی کی نسل تک پہنچتے ہیں، اور ایسے افراد کی اولاد خصوصاً شراب و نشے کی عادی خواتین کی اولاد اکثر اسی راہ پر چل پڑتی ہے، اور ان امراض کا نشانہ بنتی ہے، اسی لئے شریعت نے صاف اور دوٹوک الفاظ میں طے کر دیا ہے:

کل مسکر حرام علیٰ کل مومن۔ (ابن ماجہ / ۳۳۸۹)

"ہر صاحب ایمان کے لئے ہر نشہ آور چیز حرام ہے۔"

اور: کل شراب أسکر فھو حرام۔ (ایضاً / ۳۳۸۶)

"ہر نشہ آور مشروب حرام ہے۔"

نیز: ما أسکر کثیرہ فقلیلہ حرام۔ (ایضاً / ۳۳۹۳)

"نشہ آور چیز کی زیادہ اور کم ہر مقدار حرام ہے۔"

حضرت ام سلمہ کا بیان ہے:

نھیٰ رسول اللہ صلی اللہ علیہ وسلم عن کل مسکر و مفتر۔ (ابو داؤد / ۳۶۸۶)

"رسول اللہ صلی اللہ علیہ وسلم نے ہر نشہ آور چیز سے اور صحت میں خلل ڈالنے والی ہر چیز سے منع فرمادیا ہے۔"

مالی نقصانات

منشیات کے مضرات کا ایک پہلو مالی نقصان بھی ہے، منشیات کا فروغ امت کی معاشی اور اقتصادی قوت کو ناقابل تلافی نقصان پہنچانے کے مترادف ہے۔

سیال و جامد منشیات کی قیمت عام طور پر بہت زیادہ ہوتی ہے، بسا اوقات ایک غریب خاندان جس رقم میں ایک دن کی خوراک کا نظم کر سکتا ہے، اتنی رقم میں شراب کی ایک بوتل دستیاب ہوتی ہے، بعض نشہ آور چیزیں مثلاً ہیروئن ایک کروڑ روپئے فی کلو کے حساب سے فروخت ہوتی ہیں، یہاں یہ بات قابل توجہ ہے کہ ہماری حکومت ایک ہلاک ہونے والے شخص کے لئے اس کے ورثاء کو ایک لاکھ روپئے ایکس گریشیا(معاوضہ بنام ہمدردی) دیتی ہے، اس سے اندازہ لگایا جاسکتا ہے کہ ایک کلو ہیروئن کی قیمت سو انسانوں کے مساوی ہوگی، اوراسی سے یہ بھی سمجھنا مشکل نہیں کہ ہمارے اس دور میں انسانی زندگی اور جان کس قدرارزاں ہے اور ہلاکت میں ڈالنے والی ملعون چیز کس قدر گراں ہے؟

یہ تو بہت قیمتی منشیات کا ذکر ہوا، موجودہ حالات میں ایک خاص سازش کے تحت منشیات کو فروغ دینے خصوصاً جوانوں میں اس کی لت ڈالنے کا جو منحوس کام یا بالفاظ دیگر بہت بڑا کاروبار ہورہا ہے، اس کے نتیجے میں نشہ پیدا کرنے والے ٹیبلٹ، کیپسول، سیرپ، پڑیا، انجکشن بہت تیزی سے عام ہورہے ہیں، اور انہیں کم قیمت پر دستیاب کرایا جارہا ہے، تاکہ خط غربت سے نیچے زندگی بسر کرنے والے افراد، جو ایسے کاروباریوں کا اصل ٹارگٹ ہیں، بآسانی ان اشیاء کو حاصل کر سکیں، یہ منشیات اگرچہ کم قیمت کے ہیں، لیکن پھر بھی غریبوں کا کل اثاثہ ان پر ضائع ہوکر کیسے بھیانک مالی نقصان کا باعث بنتا ہے اور ایسے نشہ بازوں کا گھرانہ کس طرح مفلوک الحال اوردانے دانے کو محتاج ہوتا ہے،

تصور کر لیا جائے تو رونگٹے کھڑے ہو جاتے ہیں۔

یہ بھی قابل غور ہے کہ ابتداء میں تو انسان اپنے ارادے اور اختیار سے نشے کی لعنت میں مبتلا ہوتا ہے، لیکن پھر اس کی ایسی عادت پڑتی ہے اور ایسا چسکا لگتا ہے کہ گویا وہ اس کے بغیر زندہ ہی نہیں رہ سکتا، پھر وہ اپنے قابو ہی میں نہیں رہتا، چنانچہ وہ منشیات حاصل کرنے کے لئے سب کچھ داؤں پر لگا دیتا ہے، اپنی ساری پونجی لٹا دیتا ہے، جائداد بیچ دیتا ہے، کاسہ گدائی لے کر در در پھرتا ہے، بھیک مانگ کر نشہ کرتا ہے، چوری کر کے کام چلاتا ہے، اپنے جسم کے اعضاء (دل، گردہ وغیرہ) تک بیچ ڈالتا ہے، بلڈ بینک کو خون دینے والے افراد عام طور پر نشہ باز ہوتے ہیں، جو ارزاں قیمت پر اپنا لہو فروخت کر کے اپنی نشہ کی چیز حاصل کرتے ہیں، حد یہ ہے کہ ایسے لوگ اپنی اولاد اور بیویوں تک کا سودا کرنے میں بھی نہیں ہچکچاتے، یہ بدترین نقصانات منشیات کی نحوست ہیں۔

اس وقت دنیا کا سب سے مہنگا کاروبار منشیات کا ہے، تمام تر ظاہری قانونی بندشوں کے باوجود یہ کاروبار خوب پھل پھول رہا ہے، قوم کا انتہائی بیش قیمت اثاثہ اس کی نذر ہو رہا ہے، نہ جانے کتنے افراد اس وجہ سے دیوالیہ بن گئے، کتنے گھرانے نان شبینہ کے محتاج ہو گئے، اور طرفہ تماشا یہ ہے کہ ہزاروں جوانوں کی صحت، زندگی اور دولت کو تباہ کرنے والے منشیات کے تاجر حکومتوں اور آقاؤں کی خفیہ اور مضبوط سرپرستی میں اور بڑی بڑی رشوتوں کی تدبیر سے اپنے کام میں لگے ہوئے ہیں، قوم کا خون پی رہے ہیں اور اپنی تجوریاں بھر رہے ہیں، جن کی گردنوں پر بے شمار افراد کی ہلاکت، لاکھوں جوانوں کی جوانی و صحت کی تباہی، والدین کے ہوتے ہوئے یتیموں جیسی زندگی گزارنے والے نونہالوں کی محرومی اور بے بسی، شوہروں کے ہوتے ہوئے بیواؤں سے بری زندگی جینے والی خواتین کی پریشان حالی اور کس مپرسی جیسے بے شمار جرائم کا بوجھ ہے، مگر وہ احساس

جرم سے عاری اور اپنا بیلنس بڑھانے میں منہمک ہیں، اور انہیں کے ذریعہ پوری دنیا میں مختلف تدبیروں سے کبھی معصوم بچوں کو اغوا کر کے ان کا پیٹ چیر کر ان میں منشیات بھر کر اور کبھی کسی اور طرح سے خطرناک منشیات (افیم، ہیروئن، کوکین وغیرہ) سپلائی کی جاتی ہیں۔

عرب ممالک بطور خاص مشرق وسطیٰ میں اسرائیل کے یہودی تاجروں کے ذریعہ منشیات کی وسیع پیمانے پر سپلائی جاری ہے، اور اس کے ذریعہ ایک تیر سے دو شکار کئے جارہے ہیں، دولت بھی سمیٹی جارہی ہے، اور امتِ عرب کو کھوکھلا اور بے قیمت بھی بنایا جارہا ہے۔(المخدرات:عائض قرنی/۱۵)یومیہ نشہ بازوں کا تناسب بڑھتا جارہا ہے،اربوں کی دولت انسانوں کے ذریعہ اس لعنت میں صرف کی جارہی ہے، یہ اسراف قوم کی معاشی صورت حال کو کس دیوالیہ پن کی طرف لے جارہاہے، محتاج بیان نہیں، ان مالی نقصانات سے امت کو محفوظ رکھنے کے لئے منشیات کی اس لعنت پر قدغن لگانی ہوگی، تبھی امت اسراف اور بدحالی کی زنجیر سے آزاد ہوسکے گی۔

سماجی نقصانات

انسان جس معاشرہ میں رہتا ہے، اس کے مختلف افراد سے اس کے روابط ہوتے ہیں، اور اسی لئے مختلف افراد کے حقوق اور ذمہ داریاں اس سے متعلق ہوتی ہیں، اگر وہ صاحب اولاد ہے تو اولاد کی تعلیم، تربیت، پرورش، خوردونوش، لباس و مکان تمام ضروریات اس سے وابستہ ہوتی ہیں، والدین حیات ہوں توان کی ذمہ داری اوران کے خرچ کا بار اس کے ذمہ ہوتا ہے، بڑا ہے تو چھوٹے بھائی بہنوں کی تربیت اور نکاح وغیرہ کے فرائض اس کو ادا کرنے ہوتے ہیں، شادی شدہ ہے تو بیوی کے حقوق ادا کرنے کی ذمہ داری اس کے اوپر ہوتی ہے، اب اگر ایسا انسان جس کے ذمہ بہت سے فرائض، حقوق اور

ذمہ داریاں ہوں، نشے کی لعنت میں مبتلا ہو جائے، تو نہ وہ کسی صاحب حق کا حق ادا کرنے کی پوزیشن میں رہتا ہے اور نہ اپنی کسی ذمہ داری کی انجام دہی کا اسے کوئی شعور باقی رہ جاتا ہے۔

شراب ومنشیات کے رسیا افراد کی اپنی زندگی تو اجیرن ہوتی ہے، ان کا پورا خاندان اور گھرانہ عجیب بکھراؤ کا شکار ہو جاتا ہے، اولاد ضائع ہونے لگتی ہے، تربیت کا فقدان، تعلیم سے محرومی اور مالی بدحالی انہیں بگاڑ کی راہوں پر لے جاتی ہے، اور ایک آدمی کی بے راہ روی بہت سوں کے بگاڑ کا باعث بن جاتی ہے، بوڑھے والدین اپنی اولاد کے ضائع ہونے کے المیے کو دیکھ کر آہ سرد بھرنے اور سسکنے پر مجبور ہو جاتے ہیں، سب سے زیادہ مظلوم حالت نشے بازوں کی بیویوں کی ہوتی ہے، جو شوہر ہوتے ہوئے بھی بیواؤں سے زیادہ بدتر حال کو پہنچ جاتی ہیں، نشہ بازوں کی بیویاں اور بچے عام طور پر جسمانی تشدد کا نشانہ بھی بنتے ہیں اور ناقابل بیان ذہنی اور دماغی تناؤ اور الجھن کا بھی، طلاق کے ان گنت واقعات خاص طور سے دیہی علاقوں میں نشہ کی وجہ سے پیش آتے ہیں، اور اس طلاق کا راست نقصان سب سے بڑھ کر عورت اور کم سن بچوں کو اٹھانا پڑتا ہے۔

قرآن کریم نے منشیات کے سماجی نقصانات کو بطور خاص بیان فرمایا ہے کہ اس کے ذریعہ بغض وعدوات کے جذبات پیدا ہوتے ہیں، لڑائیاں اور تنازعے شروع ہوتے ہیں، زوجین کے تعلقات بگڑتے ہیں، خاندانوں کے رشتے بکھرتے ہیں، گھر برباد ہو جاتے ہیں اور فتنہ وفساد پیدا ہوتا ہے، یہ بدترین سماجی مضرات ہیں جن سے شرابیوں کو دوچار ہونا پڑتا ہے۔

دینی واخلاقی نقصانات:

منشیات کے بے شمار نقصانات کا سب سے اہم حصہ دینی واخلاقی نقصانات ہیں، واقعہ

یہ ہے کہ نشہ سیکڑوں برائیوں اور جرائم کا سرچشمہ ہے، ایک حدیث میں ارشاد ہوا ہے:

إياك والخمر، فإن خطيئتها تفرع الخطايا، كما أن شجرتها تفرع الشجر۔ (ابن ماجہ / ۲/ ۳۳۷)

شراب سے بچو، کیونکہ شراب سے برائیاں اسی طرح پھوٹتی ہیں جیسے درخت سے شاخیں پھوٹتی ہیں۔

منشیات کے استعمال کی لت انسان سے ہر گناہ کرالیتی ہے، قتل، زنا، ظلم، سب وشتم، بدزبانی، فضول گوئی، آبروریزی، دوسروں کی عزت سے کھلواڑ، فحاشی، خباثت، دناءت، رذالت، چوری، رہزنی غرض کون سا ایسا جرم ہے جو نشے باز سے سرزد نہیں ہوتا؟ جرائم کے واقعات کا تجزیہ کیا جائے تو آدھے سے زیادہ جرائم نشے کی وجہ سے اور نشے کی حالت میں ہوتے ہیں، مختلف ممالک کے سروے سے معلوم ہوتا ہے کہ اکثر جنسی جرائم اور خواتین کے ساتھ تشدد کے واقعات اسی وجہ سے پیش آتے ہیں، بیشتر ٹریفک حادثات بھی اسی بنیاد پر رونما ہوتے ہیں۔

ان نقصانات کے ساتھ قرآنی بیان کے مطابق اللہ کے ذکر اور نماز سے غفلت پیدا ہونا بھی منشیات کا منحوس اثر ہوتا ہے اور ان کے نتیجے میں ہر خیر سے محرومی انسان کا مقدر بن جاتی ہے۔

حاصل:

مذکورہ تفصیلات سے بہ خوبی واضح ہوا کہ شراب ومنشیات کی لعنت:

(۱) دین ومذہب سے بے گانہ کر دیتی ہے، اور دین کو بے حد نقصان پہنچاتی ہے۔

(۲) اخلاق وکردار کو بگاڑ دیتی ہے۔

(۳) عقل وشعور سے بے گانہ کر دیتی ہے۔

(۴) جسم و صحت و قوت کو ناقابل تلافی ضرر پہونچاتی ہے۔

(۵) اولاد کی صحیح تربیت سے محروم اور بگاڑ کی راہوں کا مسافر بناتی ہے۔

(۶) انسان کی کرامت و عظمت کی ردا کو تار تار کر دیتی ہے۔

(۷) انسان کو شیطان کا آلہ کار بنا کر اللہ کی رحمت سے دور کر دیتی ہے۔

(۸) انسان کو ذلت و رسوائی کے مہیب غار میں دھکیل دیتی ہے۔

(۹) مالی اعتبار سے انسان کو مفلوک الحال بنا دیتی ہے۔

(۱۰) خاندانی نظام کو بکھیر دیتی ہے۔

(۱۱) عبادت سے غافل اور معاصی کا عادی بنا دیتی ہے۔

(۱۲) پوری زندگی کو بے سکونی اور بے چینی کی نذر کر دیتی ہے۔

منشیات کے رواج کے بنیادی اسباب و محرکات:

اس وقت پوری دنیا میں منشیات کے استعمال کا جو عام رواج چل پڑا ہے، خاص طور سے نوجوان نسل جس بری طرح سے نشے کی لت میں مبتلا ہو رہی ہے، وہ ہر صاحب فکر کے لئے بے حد تشویش ناک صورت حال ہے، تمام احتیاطی تدبیروں کے باوجود منشیات کے استعمال کی شرح میں کمی کے بجائے مسلسل اضافہ ہوتا جا رہا ہے، دولت کی ہوس نے سرمایہ داروں کو اتنا اندھا کر دیا ہے کہ وہ مسلسل منشیات کے کاروبار کو مختلف خوش نما ٹائٹلوں کے ساتھ بڑھاوا دے کر نوجوانوں کو جسمانی و اخلاقی، اقتصادی و معاشرتی ہر اعتبار سے بد حالی کی آخری سطح تک پہنچانے کے درپے ہو چکے ہیں، مختلف خورد و نوش کی چیزوں (مثلاً چاکلیٹ وغیرہ) میں مخفی طور پر نشہ آور مادے شامل کر کے نوجوانوں کو ان کا عادی بنایا جاتا ہے اور اس طرح پھر ان کو منشیات کا خوگر کر دیا جاتا ہے، ارشاد نبوی صلی

اللہ علیہ وسلم کی صداقت پہلے سے کہیں زیادہ آج محسوس کی جاسکتی ہے:

"میری امت کے کچھ لوگ شراب پئیں گے، لیکن اس کو شراب کا نام نہیں (بلکہ کوئی اور نام) دیں گے۔" (نسائی / ۵۶۶۱)

معاشرے میں نشے کی لعنت عام ہونے کے اسباب و محرکات کیا ہیں؟ ذیل میں ان سے متعلق چند اہم امور کا جائزہ لیا جارہا ہے:

(۱) ایمانی جذبہ اور خوف خدا کی کمی

ہمارے سماج میں منشیات کی وباء عام ہونے کی سب سے پہلی بنیادی وجہ یہی ہے کہ ایمانی جذبات کمزور اور سرد پڑگئے ہیں، بے خوفی اور جرأت بڑھ گئی ہے، اللہ کا خوف رخصت ہورہاہے، موت کی یاد سے غفلت عام ہے، آخرت کی فکر اور بارگاہ رب العزت میں حاضری اور جوابدہی کا استحضار باقی نہیں رہاہے، اور اس کا نتیجہ یہ ہے کہ گناہوں کی طرف لوگ سرپٹ دوڑے جارہے ہیں، ایسا لگتاہے کہ ان کی لگام ان کے نفس کے قبضے میں ہے، اللہ کی سنت یہ ہے کہ جب انسان دین و شریعت کی لگام اپنے اوپر سے ہٹا دیتا ہے، تو پھر اللہ کی امان سے محروم ہوجاتا ہے اور اللہ کو پرواہ بھی نہیں ہوتی کہ وہ ہلاکت کے کس کھڈ میں جاگرا، قرآن میں فرمایا جارہاہے:

"بلاشبہ اللہ کے نزدیک بدترین جانور وہ بہرے گونگے لوگ ہیں جو عقل سے کام نہیں لیتے، اور اگر اللہ کے علم میں ان کے اندر کوئی بھلائی ہوتی تو وہ ان کو سننے کی توفیق دے دیتا، لیکن اب جب کہ ان میں بھلائی بھی نہیں ہے، اگر ان کو سننے کی توفیق دے بھی دے تو وہ منھ موڑ کر بھاگ جائیں گے۔" (الانفال / ۲۲-۲۳)

معلوم ہوا کہ حق کو سمجھنے اور اس پر عمل کی توفیق اسی کے حصہ میں آتی ہے جس کے دل میں حق کی طلب ہو، اگر کسی کے دل میں حق کی طلب ہی نہ ہو اور وہ غفلت کی

حالت میں زندگی بسر کر رہا ہو اور نفس کا غلام بن چکا ہو، تو وہ حق سمجھنے سے محروم ہو جاتا ہے، اور سمجھ بھی لے تو اسے پلٹنے اور عمل خیر کی توفیق نہیں ملتی، بلکہ وہ بدستور اپنی مجرمانہ غفلتوں میں مبتلا رہتا ہے۔

اسی حقیقت کو اگلی آیت میں اس طرح بیان کیا گیا ہے:

"جان لو کہ اللہ انسان اور اس کے دل کے درمیان آڑ بن جاتا ہے۔" (الانفال / ۲۴)

یعنی جس کے دل میں حق کی طلب ہوتی ہے اگر اسے گناہ کا تقاضا ہو، مگر وہ طالب حق کی طرح اللہ سے طالب مدد ہو جائے تو اللہ اسکے اور گناہ کے درمیان حائل ہو جاتے ہیں اور اس کے قدم گناہ کی راہ پر چلنے سے محفوظ ہو جاتے ہیں، اور جس کے دل میں حق کی طلب ہی نہ ہو اور وہ اللہ کی طرف رجوع بھی نہ ہوتا ہو وہ توفیق خیر سے محروم اور گناہوں میں غرق ہوتا چلا جاتا ہے۔

مزید فرمایا گیا: "جب انہوں نے کج روی اختیار کی تو اللہ نے ان کے دلوں کو کج کر دیا، اور اللہ نافرمانوں کو ہدایت تک نہیں پہنچاتا۔" (الصف / ۵)

احادیث میں وارد ہوا ہے کہ جو بندہ اللہ کے دین کی طرف متوجہ ہوتا ہے اللہ اس کو توفیق سے نوازتا ہے، جو اللہ سے نصرت کا طالب ہوتا ہے، اللہ اس کی مدد کرتا ہے، جو اللہ کی طرف رجوع ہوتا ہے اللہ اس کی حفاظت کرتا ہے۔ ان تفصیلات سے واضح ہوتا ہے کہ جب تک ایمانی جذبات کمزور رہیں گے، اور اللہ و آخرت کا خوف دلوں میں پیدا نہیں ہوگا، گناہ کے راستے سے واپسی نہیں ہو سکے گی، آج منشیات کے رواج عام کا بہت بنیادی سبب یہی ہے کہ امت ایمانی قوت سے محروم اور بارگاہ الٰہی میں باز پرس کی حقیقت سے بے فکری اور بے خوفی میں مبتلا ہے۔

(۲) اخلاقی تعلیم و تربیت کا فقدان

اولاد کو بنانے یا بگاڑنے میں سب سے نمایاں کردار گھر کی اخلاقی تعلیم و تربیت کا ہوتا ہے، اگر والدین یا ذمہ داران اپنی اولاد کی ٹھوس اور پختہ دینی تعلیم اور اعلیٰ اخلاقی تربیت کی فکر کریں گے، ان کے شب و روز کی تمام مشغولیات کی حکمت کے ساتھ نگہ داشت رکھیں گے، ان کو منکرات اور فواحش کے راستوں پر جانے سے روکیں گے، وہ تمام اسباب اور ذرائع جو بگاڑ کے راستے پر لے جاتے ہیں (جن میں آج خاص طور سے ٹی وی، انٹرنیٹ وغیرہ کا طوفان شامل ہے) یا تو اپنانے نہیں دیں گے یا بے حد حساسیت اور بیدار مغزی کے ساتھ اپنی نگرانی میں ان کا صرف مثبت اور مفید استعمال ہی ہونے دیں گے، تبھی اولاد گناہوں سے محفوظ رہ سکے گی۔

آج صورت حال یہ ہے کہ زندگی کے ہنگاموں اور مشغولیات میں والدین کو اپنی اولاد کی دینی و اخلاقی تربیت کی فرصت ہی نہیں ہے اور نہ ہی اس کے ضروری ہونے کا انہیں احساس ہے، ٹی وی اور رقص و سرود کا کلچر گھر سے لے کر بازار تک اور اسکول سے لے کر تقریبات تک بالکل عام ہے، خلوت کی زندگی میں جوانی کی دہلیز پر پہونچتی اولاد موبائل، نیٹ وغیرہ کے ذریعہ کیا کر رہی ہے، وہ بے حیائی کی راہ پر کس طرح جا رہی ہے اور منشیات کی لعنت میں کس طرح مبتلا ہو رہی ہے، اس کی کوئی فکر والدین کو نہیں رہتی ہے، نتیجہ سامنے ہے کہ نوجوانوں کی وہ نسل سامنے آ رہی ہے جو شراب کی رسیا اور بگاڑ کا مرکب ہے۔

(۳) بے کاری اور بے روزگاری

بے کاری اور کسی مثبت، صحت مند اور مفید مشغولیت کا نہ ہونا انسان کو بگاڑ کی راہ پر لے جانے کا بہت طاقت ور ذریعہ ہوتا ہے، ایسے لوگوں تک شیطان کی رسائی بہت آسانی

سے ہوتی ہے، شیخ الاسلام علامہ ابن تیمیہؒ فرماتے ہیں:

"اگر دل میں اللہ کی محبت نہ ہو تو شیطان کی محبت جگہ بنالیتی ہے، پھر شیطان دل کو اپنے قابو میں کرلیتا ہے، جیسے جانور کو قابو میں کیا جاتا ہے، یہاں تک کہ شیطان انسان کو ہلاکت کے گڈھوں تک پہونچا ہی دیتا ہے۔" (المخدرات: عائض / ۱۹)

اس لئے مثبت اور مفید مشغولیات میں لگے رہنا بہت بڑی نعمت ہے اور بگاڑ سے سلامتی کا ذریعہ بھی ہے، موجودہ حالات میں جب معاشی بدحالی کا دور دورہ ہے، ایک بہت بڑا طبقہ بے روزگاری کی زندگی گزار رہا ہے، اور مایوسی، نفسیاتی کرب اور اضطراب کا شکار ہے، اور یہ کرب بسا اوقات اسے اپنے غم غلط کرنے کے لئے شراب و نشہ کے مہلک راستے پر لے جاتا ہے، یہ بھی سماج میں نشے کے عموم کا ایک سبب ہے۔

(۴) بری صحبت

نوجوانوں میں نشے کی لت کا ایک محرک نشے باز ساتھیوں کی صحبت و رفاقت بھی ہے، بری صحبت کے بدترین اثرات عقل و نقل سب سے ثابت ہیں، ارشاد نبوی ہے:

"آدمی اپنے دوست کے طریقے پر کاربند ہوتا ہے، اس لئے دوستی سے پہلے دیکھ لینا چاہئے کہ کس سے دوستی کی جارہی ہے۔" (ابوداؤد) سلف صالحین کے اقوال میں ہے: "دل کے لئے بروں کی صحبت اور ان کے برے افعال کو دیکھنے سے زیادہ ضرر رساں چیز کچھ اور نہیں ہے۔" (الاخوۃ / جاسم المھلھل / ۳۸)

عموماً یہ مشاہدہ ہے کہ شراب و نشے سے دور آدمی جب غلط صحبت میں آتا ہے تو اس کی زندگی اس لعنت سے آلودہ ہوئے بغیر نہیں رہتی، آج ہمارے نوجوانوں میں اپنے نام نہاد 'اسٹیٹس' کو بحال رکھنے کے لئے اپنے دوستوں کا جو 'سرکل' بنانے کا فیشن چل پڑا ہے وہ عیاش، بے حیا، اخلاق باختہ، شراب و کباب کے عادی نوجوانوں کا سرکل ہوتا ہے، وہاں

کسی دین دار، باشرع، صالح، دینی خدمات سے وابستہ جوان کو داخلے ہی کی اجازت نہیں ہوتی، اور پھر اس کا نتیجہ یہ ظاہر ہوتا ہے کہ آدمی انہیں بروں کے رنگ میں رنگتا چلا جاتا ہے، اور اپنا سب کچھ داؤں پر لگا بیٹھتا ہے۔

(۵) یورپ کی اندھی نقالی اور غلامی

ہمارے معاشرہ میں منشیات اور دیگر فواحش کے عام ہونے کے پیچھے بنیادی کردار ہماری اندھی نقالی اور غلامی کے مزاج کا ہے، اسلام کا مکمل علم نہ ہونے، اپنی دینی تعلیمات پر بصیرت واعتماد نہ ہونے اور روح کے بجائے مادے کو ترجیح دینے کے مزاج کی وجہ سے امت کی اکثریت مغرب کی مادر پدر آزاد تہذیب اور منکرات سے لبریز کلچر کی اندھا دھند نقالی اور غلامی کرتی ہے۔ سماج میں مغرب زدگی کا ایک سبب مادیت اور خدا بیزاری اور اخلاقیات سے محروم مغربی نظام تعلیم کا عام فروغ ہے، دوسرا سبب میڈیا کے فحش، مخرب اور منفی پروگرام ہیں، اور اسی مغرب پرستی نے ہمارے سماج میں دیگر لعنتوں کے ساتھ منشیات کی لعنت کو بھی پروان چڑھایا ہے، اور یہ خمار اس وقت تک نہیں اترے گا جب تک نقالی اور غلامی کا مزاج ختم نہ ہو جائے۔

(٦) بے شعوری میں نشہ آور گولیوں کا مقوی دوا سمجھ کر استعمال

ایک طبقہ جوانوں میں وہ بھی ہے جو بگاڑ پھیلانے والوں کی طرف سے رائج نشہ آور گولیوں کے جھانسے میں آکر انہیں مقوی دوا سمجھ کر استعمال کر لیتا ہے، اور اسے پتہ بھی نہیں ہوتا کہ اس طرح اس نے نشے کا زہر اپنے وجود میں اتار لیا ہے، پھر رفتہ رفتہ وہ ان دواؤں کا عادی ہو جاتا ہے، اور پھر یہ عادت اسے برباد کر ڈالتی ہے، یہ بھی معاشرے میں منشیات کے رواج کا ایک سبب ہے۔

سماج کو نشے کی لعنت سے بچانے کی بنیادی تدبیریں:

سماج میں بڑھتے ہوئے منشیات کے رواج کو ختم کرنے اور سماج کو اس برائی سے بچانے کے لئے کیا تدبیریں ہو سکتی ہیں، ذیل میں چند ضروری امور کا ذکر کیا جاتا ہے:

(۱) ایمانی جذبات اور اللہ کا خوف بیدار کرنا

تمام برائیوں کے سد باب اور ہر نوع کی مجرمانہ عادتوں کو ختم کرنے کے لئے اس کی ضرورت ہوتی ہے کہ ایمانی جذبات بالکل بیدار کر دیئے جائیں، اور اللہ کا خوف جگا دیا جائے، برائیوں سے نفرت پیدا کرنے کا سب سے کارگر نسخہ ایمانی جذبات کی بیداری اور اللہ کی بارگاہ میں جواب دہی کا مکمل استحضار ہے، قرآن میں صحابہ کے تذکرے میں آیا ہے:

"اللہ نے تمہارے لئے ایمان کو محبوب اور دل پسند بنادیا اور تم میں کفر، فسق اور نافرمانی کے کاموں کی نفرت پیدا کر دی۔" (الحجرات / ۷)

اللہ کا خوف اور فکر آخرت وہ مضبوط زنجیر ہے جو انسان کو معاصی کے راستے پر چلنے سے بالکل روک دیتی ہے۔

(۲) موثر دینی واخلاقی تربیت

والدین کی طرف سے گھروں میں اور اساتذہ کی طرف سے تعلیم گاہوں میں ایسا ماحول فراہم کیا جانا ضروری ہے کہ اولاد خیر کی طرف راغب ہو، برائیوں سے نفرت کرنے والی بنے، منشیات کے مضر اثرات سے باخبر ہو، ان کی ایسی تربیت کی جائے کہ وہ نشہ سمیت تمام جرائم سے بالکلیہ نفرت کرنے والے بن جائیں، کردار سازی میں تعلیم وتربیت کا کردار سب سے بنیادی ہوتا ہے اور اس حوالے سے سب سے بڑھ کر ذمہ داری والدین کی ہے کہ وہ صحیح خطوط پر اولاد کی رہنمائی کریں، ان کی نگرانی رکھیں، ان کو برے ماحول سے اور مخرب اخلاق امور وعناصر واسباب سے مکمل بچائیں۔

(۳) قرآنی و دینی تعلیم

نصوص، تجربات اور مشاہدات سب سے ثابت ہو چکا ہے کہ جو افراد قرآنی اور دینی تعلیم سے آراستہ ہوتے ہیں، اور اسے اپنا مشغلہ بنا لیتے ہیں وہ بالعموم جرائم سے محفوظ رہتے ہیں، اور بطور خاص نشے بازی اور اس جیسے گناہوں سے تو بالکل الگ رہتے ہیں، صاحب ایمان سماج میں ہر فرد کی ذمہ داری ہے کہ وہ اپنے لئے اور اپنے تمام متعلقین کے لئے قرآن کی اور بنیادی دینی تعلیم کو ضروری سمجھے، زندگی کا سفر اس کے بغیر صحیح سمت میں جاری نہیں رہ سکتا اور منشیات سمیت دیگر جرائم سے تحفظ کے لئے بھی یہ بنیادی ضرورت ہے۔

(۴) بے کاری اور بے روزگاری کے خاتمے کی کوشش

مثبت، صالح، اور مفید مشاغل میں مشغولیت انسان کو گناہوں کے راستے سے روکتی ہے، انسان بالکل خالی ہو اور کوئی صالح مشغلہ نہ رکھتا ہو تو بسا اوقات نفس و شیطان کے مکائد اور وساوس اسے منشیات اور دیگر جرائم کی راہ پر لے جاتے ہیں، اس لئے حتی الامکان صالح مشاغل میں مشغول رہنے کی کوشش ہونی چاہئے۔ اسی طرح بے روزگاری اور پھر اس کی وجہ سے آنے والے افلاس کی صورت حال انسان سے وہ سب کچھ کرا سکتی ہے جو نہیں کرنا چاہئے، مایوسی اور اضطراب کی کیفیات انسان کو منشیات کا عادی بھی بنا دیتی ہیں، اس لئے سماج سے بے روزگاری کے خاتمے کی مہم میں سب کا حصہ ہونا چاہئے، کسی بے روزگار کو روزگار فراہم کرنا یا اس ضمن میں تعاون کر دینا اسوۂ نبوی ہے اور اعلیٰ درجہ کا عمل خیر ہے، اور گناہوں سے بچانے کا بابرکت کام بھی ہے، دنیا میں رائج الوقت معاشی نظام تجربات کے بعد ناکام ثابت ہو چکے ہیں، معاشی ناہمواریوں اور غربت و بے روزگاری کا خاتمہ اگر کسی نظام کے ذریعہ ہو سکتا ہے تو وہ اسلام کا بابرکت اور عدل و مواسات پر مبنی

معاشی نظام ہے، سماج کے ذمہ داران کو اس حوالے سے بھی حتی المقدور اپنا کردار ادا کرنے کی کوشش کرنی چاہیے۔

(۵) بری صحبت سے گریز اور اچھی صحبت کا التزام

انسان کو خیر وطاعت کے راستے پر اچھی صحبت ہی گامزن رکھتی ہے، نیک افراد کی صحبت میں انسان کے دل و نگاہ سب ہوشیار رہتے ہیں، غفلت حملہ آور نہیں ہوتی، قرآن میں تمام اہل ایمان کو سچے اور نیک بندوں کے ساتھ رہنے کا صریح حکم بھی دیا گیا ہے، اور یہ اشارہ بھی فرمادیا گیا ہے کہ اس کے بغیر گناہوں سے بچنا اور تقوی کی منزل تک پہنچنا دشوار ہوتا ہے، اسلاف کے مواعظ میں بھی صراحت ہے کہ:

نیک افراد کی ہم نشینی دل میں نیکی کے جذبات پیدا کر دیتی ہے۔(الاخوۃ: جاسم المہلہل /۳۸)

منشیات سمیت تمام برائیوں سے دور رہنے کا یہ کارگر نسخہ ہے کہ برے لوگوں کی ہم نشینی سے بالکل اجتناب کیا جائے اور اچھے، دیندار اور نیک افراد کے ساتھ رفاقت رکھی جائے۔ بروں کے ساتھ ہم نشینی رکھنے والا اگر برائی میں خود مبتلا نہ ہو لیکن اپنے رفیقوں کی برائی پر خاموش تماشائی رہے تو وہ بھی مجرم قرار پاتا ہے، حضرت عمر بن عبدالعزیز کے پاس کچھ ایسے لوگوں کو لایا گیا جن پر شراب نوشی کا الزام تھا، انہوں نے حکم دیا کہ ان کو سزا دی جائے، کسی نے عرض کیا کہ ان میں بعض وہ بھی ہیں جنہوں نے خود تو شراب کو ہاتھ نہیں لگایا لیکن مجلس میں موجود تھے، اس پر حضرت عمر بن عبد العزیز نے فرمایا کہ پھر تو سزا کا آغاز ان ہی سے ہونا چاہیے اس لئے کہ انہوں نے قرآن کے اس حکم کو نظر انداز کر دیا جس میں فرمایا گیا ہے کہ تم قرآن کے انکار و استہزاء کی مجلس میں مت شریک ہو ورنہ تم انہیں کی صف میں شمار ہو گے۔(النساء /۱۴)

(۶) شراب نوشی کی سزا کی تنفیذ

جرم پر بندش لگانے کا ایک موثر اور مجرب طریقہ متعین شرعی سزا کی تنفیذ ہے، اسلام ایک طرف شراب نوشی کے دینی و دنیوی نقصانات بیان کرتا اور عند اللہ اس کی شناعت اور اخروی سزاؤں کو واضح کر کے دلوں میں شراب سے دوری اور نفرت کے جذبات مضبوط کرتا ہے، دوسری طرف مے نوشی کے مکمل انسداد کے لئے شریعت نے اس پر ۸۰/ کوڑوں کی حد بھی متعین کی ہے، دنیا کے جن قوانین میں بھی شراب نوشی کو جرم بتایا گیا اور اس پر پابندی لگائی گئی اور اس پر بے پناہ دولت خرچ کی گئی، اس کا الٹا اثر ہوا، بالآخر امریکہ میں ہار مان کر دوبارہ مے نوشی کو قانونی اجازت دی گئی، ہندوستان میں بھی قانونی طور پر شراب کے ممنوع ہونے کے باوجود حکومت کی سرپرستی میں شراب کا کاروبار ناسور کی طرح معاشرے میں رائج ہے، جس سے آنے والی تباہی عیاں ہے، شراب کے کاروبار کو تجارتی و اقتصادی نقطۂ نظر سے بے حد مفید قرار دے کر اس کے حق میں گنجائش کا پہلو خوب بیان ہوتا ہے مگر اس کے تباہ کن مضر اور زہریلے اثرات و نتائج پر نظر ہو تو چند معمولی اور حقیر فائدے ان خطرناک نقصانات کے سامنے پرِ کاہ کے برابر بھی حیثیت نہیں رکھتے، اسلام نے اسی لئے اس پر حد متعین کی ہے، اور موجود دور میں اس کی سزا کی تنفیذ شراب نوشی پر روک لگا سکتی ہے، اس کا اعتراف انصاف پسند غیر مسلم بھی کرتے ہیں۔

(۷) ٹھوس اور منصوبہ بند مسلسل منشیات مخالف اصلاحی مہم

سماج سے منشیات کی لعنت ختم کرنے کے لئے سماج کے مصلحین کی طرف سے مسلسل منصوبہ بند مہم چلائی جائے، افسوس کا مقام یہ ہے کہ سماجی اصلاح کا علم اٹھانے والے افراد اور تحریکات کی طرف سے منشیات سے پاک سماج کی تشکیل دینے کی سمت میں

کوئی ٹھوس اور موثر اقدام نہیں ہو رہا ہے۔ بنیادی ضرورت ہے کہ ایک ہمہ گیر تحریک کے انداز میں اس پر کام کیا جائے، سماج کے تمام طبقات تک یہ پیغام پہنچایا جائے، نشہ کے نقصانات سے ہر سطح پر لوگوں کو باخبر کیا جائے، ان تمام اسباب وعوامل پر بند لگانے کی کوشش کی جائے جو منشیات کے فروغ میں معاون ہو سکتے ہوں، اگر ایک طرف شراب سے منع کیا جائے گا اور دوسری طرف شراب کی دوکانیں بھی پرمٹ کے ساتھ کھلی رہیں گی تو اس تضاد کا نتیجہ سماج کے بگاڑ کی بھیانک شکل کے سوا اور کیا ہوگا؟ جب تک ہر سطح پر منشیات کے خلاف تحریک نہیں چلائی جائے گی، اور ہوٹل، دوکان، تقریب، پروگرام ہر جگہ سے شراب کلچر بالکل ختم نہیں کیا جائے گا، اس لعنت کا خاتمہ نہیں کیا جاسکے گا۔

***

پرسنلیٹی ڈیولپمنٹ کے موضوع پر اہم مضامین

شخصیت سازی کی اہمیت

مرتبہ : سید حیدر آبادی

بین الاقوامی ایڈیشن منظر عام پر آچکا ہے